Subjektbildungsprozesse bei Trans*Jugendlichen

»Substanz«

Marta press

Franziska Börnicke

Subjektbildungsprozesse bei Trans*Jugendlichen

Marta press

Die Deutsche Bibliothek verzeichnet diese Publikation
in der Deutschen Nationalbibliografie.
Detaillierte bibliografische Daten sind im Internet abrufbar unter
http://dnb.d-nb.de

1. Auflage Juni 2016

www.marta-press.de

Printed in Germany.
ISBN 978-3-944442-27-3

Inhaltsverzeichnis

1. Einleitung 7

2. Ausgangslage der Untersuchung 10

2.1. Gender und Queer – theoretische Grundlagen 10
2.2. Implikationen für diese Arbeit 16

3. Forschungsstand über die Subjektbildungsprozesse von Trans*Jugendlichen 18

3.1. Exkurs/Auszug: Theoretischer Versuch einer chronologischen Darstellung der Lebenswelt von Trans*Jugendlichen 22

4. Theoretische Rahmung 28

4.1. Die Theorie transformatorischer Bildungsprozesse 28
4.2. Zur Bedeutung der Subjektivationstheorie nach Butler für eine Theorie transformatorischer Bildungsprozesse 31

5. Methode der Forschung 38

5.1. Erkenntnisleitende Fragen und erkenntnisleitendes Interesse 38
5.2. Untersuchungsmethode und Datenerhebung 39
5.3. Entwicklung des Interviewleitfadens 40
5.4. Interviewpartner*innen und Rahmenbedingungen der Interviews 41
5.5. Auswertung der Datenerhebung 42
5.6. Kritische Anmerkungen, Gegenstandsanpassung und Datenpräsentation 43

6. Darstellung der Ergebnisse 45

6.1. Falldarstellung „Sascha“ 46
6.2. Falldarstellung „Lisa“ 89

7. Fallvergleichende Ergebnisdarstellung 119

8. Forderungen an die Pädagogik und Ausblick 129

9. Literaturverzeichnis 132

1. Einleitung

Geschlecht ist ein Strukturmerkmal in unserer Gesellschaft. Die Zuordnung zu einem der beiden rechtlich anerkannten Geschlechter kann heutzutage schon während der Schwangerschaft erfolgen und wird spätestens nach der Geburt eines Kindes festgelegt. Im Laufe seiner Entwicklung lernt ein Kind, was seine Geschlechtszuordnung bedeutet und was der Norm, zum jetzigen Zeitpunkt Heterosexualität und Zweigeschlechtlichkeit, bzw. nicht der Norm entspricht.

Die Jugendzeit ist eine Phase, der ebenfalls große Bedeutung in Bezug auf Geschlechterthemen zukommt, da die Jugendlichen zueinander neue Beziehungen aufgrund körperlicher Veränderungen und Erfahrungen aufbauen, die verbunden sind mit einer Stellungnahme zum eigenen und zum anderen Geschlecht. Freundschaften und Liebesbeziehungen dienen zur Orientierung, Stabilisierung und Verfestigung der eigenen Geschlechtsidentität, können aber im gleichen Augenblick auch verunsichern oder problematisieren.

Über die Lebenswelt von jugendlichen und jungen Trans*gender[1], die sich nicht oder nur teilweise mit ihrem Körpergeschlecht identifizieren und ggf. einen Geschlechtswechsel anstreben, ist wenig be-

---

[1] „Die Schreibweise mit dem Stern (*) entstammt der Szenensprache. Sie möchte sprachlich Schubladen und Hierarchisierungen verschiedener Formen geschlechtlicher Transgression vermeiden und das bezeichnen, was sich einer Kategorisierung entziehen will. Sie verweist auf alle möglichen transgeschlechtlichen bzw. transidenten Lebensformen und vermeidet eine Aufzählung und damit unumgängliche Nichtnennung und Unsichtbarmachung derjenigen Menschen, die sich produktiv und bewusst mit ihrer eigenen Geschlechtszuweisung und -identität und mit den Zumutungen der heteronormativen Gesellschaftsordung auseinandersetzen“ (Schuster 2010:15).

Der Stern (*) wird hier auch dafür verwendet, wenn angenommen wird, dass sich neben cis-Menschen, also Menschen, die sich mit ihrem bei der Geburt festgelegten Körpergeschlecht zugehörig fühlen, auch Trans*Personen in der benannten Gruppe befinden. Falls feststeht, dass es sich ausschließlich um cis-Menschen handelt, wird auf die Schreibweise mit dem Unterstrich (_) zurückgegriffen, um die angenommene Norm, also Zweigeschlechtlichkeit als auch eine Polarisierung der Geschlechter, innerhalb des mehrheitsgesellschaftlichen Denkens zu symbolisieren.

kannt, denn dass ein Mensch in unserer Gesellschaft nicht schon immer gleich Mann oder Frau war, und somit als ein bestimmtes Geschlecht gelebt hat, scheint kaum vorstellbar (vgl. Schütze 2010).

> Von Phänomenen ausgehend, die sich, wie etwa die Homosexualität, primär als sexuelle präsentieren, nimmt das pädagogische Interesse in Richtung Gender und Sex ab. Transsexuelle, die sich mit der Diskrepanz von Geschlechtskörper und geschlechtlichem Selbstverständnis auseinanderzusetzen haben [...] sind *vergessene Subjekte* der pädagogischen Gender-Diskurse. (Schütze 2010:10)

Um diese *vergessenen Subjekte* soll es in diesem Buch gehen. Ausgangspunkt ist ein spezifisches Verständnis von Bildung, das auf einer Unterscheidung von *Lernen* und *Bildung* beruht. Unter Lernen kann man verkürzt diejenigen Prozesse verstehen,

> bei denen neue Informationen angeeignet werden, ohne dass sich dabei die grundlegenden Modi der Informationsverarbeitung verändern. Unter Bildung lassen sich demgegenüber höherstufige Transformationsprozesse verstehen, bei denen auch die Lernvoraussetzungen, d.h. die Kategorien oder Schemata, mit denen Informationen interpretiert werden, einer Veränderung unterliegen. (Kokemohr et al.1996:91)

Durch die Geschlechtszugehörigkeit wurde immer schon angenommen zu wissen, was aus Menschen im Rahmen von Lern- und Bildungsprozessen wird. Um Selbstverständlichkeiten daher zu *ent*selbstverständlichen untersucht diese Arbeit Bildungsprozesse, genauer genommen Subjektbildungsprozesse, von Trans*Jugendlichen unter den Bedingungen von Heteronormativität.

Ausgangspunkt dieses Buches wird eine Bildungstheorie darstellen, die (Subjekt-)Bildung als Bildungs*prozess* wahrnimmt. Die Zusammenführung mit einer queer-feministischen Theorieperspektive macht es möglich, auch alltägliche Erfahrungen der *Vergeschlechtlichung*, hier speziell von Trans*Jugendlichen, als Subjektbildungsprozesse, und somit als bedeutsame Transformationen im Selbst- und Weltverständnis von Subjekten wahrzunehmen, denn Trans*Jugendliche stehen vor der doppelten Herausforderung neben den spezifischen Anforderungen der adoleszenten Lebensphase, diese in einem Körpergeschlecht zu bewältigen, welches sie nicht (oder nur teilweise) als sich zugehörig empfinden.

Erkenntnisse wurden aus zwei problemzentrierten Interviews, die anschließend mit der Narrationsanalyse ausgewertet wurden, gewonnen. Am Ende soll die Frage geklärt werden, welche Schlussfolgerungen und Forderungen sich durch die Ergebnisse aus den untersuchten Lebenswelten der Trans*Jugendlichen für die Pädagogik ziehen lassen.

2. Ausgangslage der Untersuchung

Die Fragegestellung dieser Arbeit wird ausgehend von einer Bildungstheorie bearbeitet, die (Selbst-)Bildung als Bildungs*prozess* wahrnimmt, als auch aus einer queer-feministischen Theorieperspektive heraus, die als „Brille“ für den Forschungsprozess diente und im Folgenden kurz dargestellt werden soll.

2.1. Gender und Queer – theoretische Grundlagen

Geschlecht ist eine zentrale Kategorie der Sozialwissenschaften. Vor allem die beiden Teilgebiete *Gender Studies* und *Queer Studies* konzentrieren sich auf die Erforschung unterschiedlicher Phänomene in Bezug auf Gender. Die Gender Studies haben sich aus der Frauenforschung der 1970er Jahre entwickelt. Die Queer[2] Studies sind in den 1990er Jahren im Zusammenhang mit dem Poststrukturalismus[3] entstanden.

Beide Teilbereiche verfolgen die Analyse und Kritik von Ungleichheit, Macht und Herrschaft rund um Geschlecht und Sexualität. Gender und Queer Studies verbindet, dass sie Verunsicherungswissen-

---

[2] *Queer* als Adjektiv kann „seltsam, komisch, unwohl, gefälscht, fragwürdig“ bedeuten und ist negativ konnotiert. Als Verb heißt *queer* jemanden „irreführen“, etwas „verderben“ oder „verpfuschen“. Etwas oder jemanden aus dem Gleichgewicht, aus einer selbstverständlichen Ordnung zu bringen, ist das Anliegen des theoretischen Diskurses um *Queer* (vgl. Degele 2008). „Das Konzept *queer* ist ein Versuch, eine (zunächst vor allem auf Geschlechtszugehörigkeit und sexuelle Identität bezogene) Nicht-Identität zu schaffen. *Queer* [...] wurde von den damit zunächst abwertend Bezeichneten angeeignet und selbstbewusst positiv besetzt“ (Schuster 2010:16).

[3] Der Postrukturalismus betont die Diskontinuität und den Wandel gesellschaftlicher Phänomene und wendet sich gegen vorab festgelegte Bedeutungen (vgl. Degele 2008).

schaften sind, das heisst sie wollen Selbstverständlichkeiten alltäglichen und wissenschaftlichen Wissens auflösen (vgl. Degele 2008).

Folgende drei Strömungen der feministischen Theoriebildung, die nicht als eigenständige Säulen zu interpretieren sind, sondern sich ständig berühren und Verknüpfungspunkte schaffen, können im Kontext von Gender/ Queer Studies betrachtet werden (vgl. ebd.):

Strukturorientierte Gesellschaftskritik

Anfänglich lag der alleinige Fokus der strukturorientierten Gesellschaftskritik auf der Betrachtung der Unterschiede zwischen den zwei gesellschaftlich anerkannten Geschlechtern Mann und Frau. Später konzentrierten sich der Theoriediskurs und die Forschung ebenfalls auf die Unterschiede zwischen den Individuen eines Geschlechts. Frau war nicht gleich Frau, Mann nicht gleich Mann: Geschlecht wurde als eine Strukturkategorie neben vielen betrachtet.[4] Die Naturalisierung und das hierarchische Geschlechterverhältnis wurden als historische Phänomene entlarvt: Der männliche Körper galt als Maßstab, der weibliche Körper als Abweichung. Die Naturalisierung[5] der biologischen Körper war die Grundlage für die Erfindung und Verfestigung polarer Geschlechterverhältnisse (vgl. Degele 2008).

> Geschlechterdichotomien sind also wirkungsmächtige gesellschaftliche Ideologien beziehungsweise Konstruktionen, die sehr viel rigider konzipiert sind als die Biologie, die ihnen zugrunde liegen soll. Denn die biologischen Fakten des Sexualdimorphismus lassen sich nicht umstandslos in eine soziokulturelle Dichotomie übersetzen, im Gegen-

[4] Stichwort: Intersektionalität

[5] „Naturalisierung bedeutet, dass [sozio-historische; F.B.] Phänome wie Geschlecht, Heterosexualität und Rasse als natürlich erscheinen (sollen)" (Degele 2008: 11).

teil. Biologische Befunde legen keineswegs die Annahme von Geschlecht als Polarität, sondern vielmehr als Kontinuum nahe. Darauf verweisen die verschiedenen Möglichkeiten der Differenzierung der Geschlechter (chromosomal, gonadal, hormonal, morphologisch).

Die Debatte um die soziale Konstruktion von Geschlecht fand in der Trennung von *sex* (als biologischem, anatomischem Geschlecht) und *gender* (als gefühlter Geschlechtsidentität und sozial-kultureller Dimension von Geschlecht) in den 1970er Jahren ihren Höhepunkt. Die *sex/gender*-Unterscheidung ermöglichte die Entkopplung von Biologischem und Sozialem, sprich: der Unterscheidung bspw. von *Mann* und *männlich* (vgl. Degele 2008).

Interaktionistischer Konstruktivismus

Trotz einiger Entnaturalisierungsversuche gewann der interaktionistische Konstruktivismus die Erkenntnis, dass dem Diskurs um sex/gender immer noch eine „natürliche", zweigeschlechtliche Ordnung zugrunde liegt. Im Konzept von Heteronormativität wird diese Struktur greifbar gemacht:

> Heteronormativität ist ein binäres, zweigeschlechtlich und heterosexuell organisiertes Wahrnehmungs-, Handlungs- und Denkschema, das als grundlegende gesellschaftliche Institution durch eine Naturalisierung von Heterosexualität und Zweigeschlechtlichkeit zu deren Verselbstverständlichung und zur Reduktion von Komplexität beiträgt – beziehungsweise beitragen soll. (Degele 2008:89).

Ziel des interaktionistischen Konstruktivismus war es, nicht mehr Wissen über das Was und Warum zu erlangen, sondern wie Geschlecht hergestellt wird. Des Weiteren soll Unbewusstes bewusst gemacht werden. Ebenfalls sollten Naturalisierungen und Institutionalisierungen vermieden werden; und anstatt die Komplexität von Handeln und Geschlechterverhältnissen zu reduzieren, ist es ein Ziel, diese anzuerkennen und wenn möglich zu erhöhen.

Der interaktionistische Konstruktivismus entfernt sich zunehmend von stabilen Identitätskriterien und verlegt seinen Fokus auf die Rekonstruktion von Prozessen anstatt der Wiedergabe tradierter Zweigeschlechtlichkeit. Es ist somit eine Weiterentwicklung zu erkennen: Geschlecht ist nicht nur ein Strukturmerkmal, sondern es wurde prozessualisiert, das heisst es wird als interaktive und situationsspezifische Konstruktionspraxis verstanden. Geschlechtszugehörigkeit ist ein situiertes Tun, das in der realen und virtuellen Anwesenheit anderer entsteht (vgl. Schuster 2010). Dieses prozesshafte Verständnis von Geschlecht wird mit der Bezeichnung *doing gender* verdeutlicht:

> Doing gender [ist] eine fortlaufende Aktivität [...], die in alltägliche Interaktion eingebettet [ist, F.B.]. Die Interaktionsteilnehmer/innen organisierten ihre vielen Aktivitäten so, dass darin gender reflektiert und ausgedrückt werde, und seien bereit, das Verhalten der anderen Menschen in entsprechendem Licht wahrzunehmen. Gender sei das Ergebnis bestimmten sozialen Handelns in Interaktionen und durch Interaktionen. (Schuster 2010, S. 56)

Die Omnirelevanz von Geschlecht (man kann Geschlecht nicht nicht tun) wird ebenfalls zunehmend kritisiert und endet in der Erkenntnis, dass Geschlecht nicht immer Thema sein muss oder ist, sondern auch irrelevant, als Hintergrundressource vorhanden sein und ggf.

nur bei Bedarf aktualisiert werden kann. Geschlecht wird in Interaktionen nie allein hergestellt, sondern immer im Zusammenhang mit anderen gesellschaftlichen Kategorien, wie bspw. ethnische oder religiöse Herkunft. Der interaktionistische Konstruktivismus greift das Konzept von Intersektionalität auf und entwickelt die eigenen theoretischen Gedanken vom doing gender zum doing difference-Ansatz weiter. Die Intersektionalitätsanalyse ist für die Gender- bzw. Queer Studies somit eine aktuelle Herausforderung (vgl. Degele 2008).

Diskurstheoretischer Dekonstruktivismus

Der Schwerpunkt des diskurstheoretischen Dekonstruktivismus liegt auf der Kategorienkritik. Nicht nur *gender*, sondern auch *sex* wird als Produkt von Machtverhältnissen begriffen.

> Nicht sex liege gender zugrunde, sondern weil Heterosexualität als natürliche und ursprüngliche Form der Sexualität erscheine, weil das Gefühl von Frausein etwas mit Gebärfähigkeit und kulturell definierten Geschlechtsmerkmalen zu tun habe, weil ‚männliche' Identität an den Besitz eines Penis gebunden sei, kurz: weil unsere Denk- und Wahrnehmungskategorien zweigeschlechtlich funktionieren (wir haben es nicht anders gelernt und erfahren es im Alltag auch nicht anders), nehmen wir auch physiologisch genau zwei Geschlechter wahr. (Degele 2008, S. 108)

Die Besonderheit dieser Strömung ist, dass Dekonstruktivist*innen fast nur auf abstrakten Ebenen gesellschaftlicher Diskurse arbeiten, das heisst rein theoretisch vorgehen. Beispielsweise setzen sie sich mit Sprache als Zeichensystem auseinander und gehen davon aus, dass dieses ebenfalls dazu beiträgt, Realität zu konstituieren. Hegemoniale, durch Normen und Zwänge geprägte Machtverhältnisse kommen in Texten und Sprachen zum Ausdruck, indem diese Wirklichkeiten schaffen, die Ausschlüsse produzieren, Dinge bezeichnen und somit die menschliche Wahrnehmung und das Handeln prägen. Eine dekonstruktivistische Sichtweise auf Geschlechterverhältnisse und -konstruktionen versucht, Ein- und Ausschlussverfahren aufzudecken (vgl. Degele 2008).

2.2. Implikationen für diese Arbeit

Wenn im Folgenden über „Geschlecht“ gesprochen wird, meint die Autorin nicht die biologischen Unterschiede (morphologisch, chromosomal, gonadal oder hormonell). „Im Zentrum steht vielmehr die Gesamtheit der Zuschreibungen, die in einem Sozialsystem mit diesen biologischen Unterschieden verbunden werden“ (Lenz et al. 2010:15).

Wenn möglich und nötig, wird bei der Auswertung der Interviews auf die Differenzierung von sex und gender zurückgegriffen, um die Abgrenzung zwischen dem bei der Geburt zugeordneten Körpergeschlecht und der momentanen Geschlechtsidentität abstrahieren zu können. Der Schwerpunkt dieser Arbeit liegt jedoch auf der Geschlechtsidentität (gender), wobei aber auch die eigene Geschlechtswahrnehmung (von gender und sex) der Interviewten und der Geschlechtskörper (sex) eine Rolle spielen werden. Sowohl gender als auch sex werden als etwas Unfestes und nicht essentiell Definierbares verstanden, sondern verweisen vielmehr aufeinander.

Darüber hinaus wird Geschlecht nicht nur als ein individuelles Merkmal aufgefasst, sondern als Strukturkategorie sozialer Arrangements in unserer Gesellschaft. Anlehnend an die Definition von Lenz et al. (2010:21) versteht die Autorin Geschlecht eingebunden in ein „Trias von Struktur, Kultur und Handlung“ in Bezug auf Körperlichkeit:

> Geschlecht soll als Gefüge sozialer Beziehungen, als Komplex kultureller Leitvorstellungen und Zuschreibungen und als Komplex sozialer Praktiken verstanden werden, die allesamt Körperunterschiede aufgreifen und herausstellen, um eine Differenzierung der Lebensführung,

einschließlich der Zuweisung ungleicher Lebenschance und Ressourcen, zu generieren und zu legitimieren.

Mit dieser Perspektive soll sowohl Geschlecht auf der Mikro- als auch Makroebene einen Bezugrahmen erhalten. So sind Struktur, Kultur und Handeln auf beiden Ebenen relevant und in Beziehung zu setzen.

Des Weiteren distanziert sich die Autorin in ihrer Arbeit von der alltagsplausiblen Annahme des Zweigeschlechtermodells inklusive der damit verbundenen und zugeschriebenen geschlechtsspezifischen Eigenheiten von Menschen, die sich in der Ungleichbehandlung und Diskriminierung geschlechtlicher Grenzgänger*innen niederschlägt. Der Autorin ist bewusst, dass zum jetzigen Zeitpunkt ein heteronormatives Geschlechtermodell unweigerlich den Rahmen und die Struktur der Interviews und dieser Arbeit prägt. Jedoch wird dieser Struktur kritisch begegnet, Kategorien als auch Bezeichnungen werden hinterfragt und Selbstdefinitionen der Interviewten betont.

> Mit dem Begriff der Heteronormativitätskritik ist ein Zugang bezeichnet, der die unterschiedlichen Formen der Normalisierung im Zusammenhang mit dem Geschlechtskörper, der Geschlechtsidentität und Sexualität in ihren Besonderheiten und Wechselbeziehungen in den Blick nehmen will. (Schütze 2010:10)

Des Weiteren werden Identitäten, hier vor allem in Bezug auf Geschlechtsidentität, als prozesshaft begriffen, gelten als unabgeschlossen und im Wandel befindlich.

3. Forschungsstand über die Subjektbildungsprozesse von Trans*Jugendlichen

Im Mittelpunkt erziehungswissenschaftlicher Forschung zu Adoleszenz und Bildung stehen Jugendliche als auch junge Erwachsene, deren Auseinandersetzung mit der Gesellschaft und die Besonderheiten dieser Lebensphase eines jeden Menschen. Adoleszenz ist eine Phase, der große Bedeutung in Bezug auf Geschlechterthemen zukommt. Neben der Ablösung von der Familie, dem Hinwenden zu peer groups und der Vorbereitung auf die (Arbeits-)Welt, ist die Bildung einer selbstbewussten Persönlichkeit eine der Aufgaben, die Jugendliche während der Adoleszenz bewältigen müssen. Dazu gehört auch, sich als geschlechtliches, sexuelles und begehrendes Wesen zu begreifen (vgl. Schröder 2005). Die Pluralisierung und zunehmende Anerkennung von *lesbischen, bisexuellen und schwulen* L(i)ebensformen in der deutschen Gesellschaft nimmt erfreulicherweise mehr und mehr nicht-heterosexuell empfindenden Jugendlichen die Angst vor einem Coming-Out und einer homo- oder bisexuellen Lebensführung (vgl. Sielert 2005). Dies soll natürlich nicht darüber hinwegtäuschen, dass auch hier noch keine volle Gleichstellung und Akzeptanz innerhalb der deutschen Mehrheitsgesellschaft erreicht ist.

Über die Lebenswelt und Subjektbildungsprozesse von jugendlichen Trans*, die sich nicht oder nur teilweise mit ihrem bei der Geburt zugeschriebenen Körpergeschlecht identifizieren und ggf. einen Geschlechtswechsel anstreben, ist weit weniger bekannt. Es gibt kaum Literatur oder Forschungsvorhaben bzgl. dieser Zielgruppe, die nicht dem klinisch-medizinischen Bereich entstammen (vgl. Franzen et al. 2010). Jedoch nimmt das Interesse an der Erforschung der Lebenssituation von Trans*Menschen allgemein auch in anderen Wissenschaften zu. So beschäftigen sich bspw. die Sozial- und Geisteswissenschaften durch den Einfluss von Gender und Queer Theory vermehrt interdisziplinär mit der Zielgruppe bzw. dem Phänomen (vgl. Schirmer 2010, Schuster 2010, Beger et al. 2000). Innerhalb der Sozialen Arbeit und Pädagogik greifen ebenfalls zunehmend mehr Autor*innen Thematiken rund um Gender, Queer- und Trans*-Sein auf und versuchen ein Weiterdenken anzuregen (vgl. Busche et al. 2010, Kleiner et al. 2013, Schütze 2010, Voigt-Kehlenbeck 2008).

Die erste qualitativ-empirische Studie über die „Lebenssituation transsexueller Menschen in Nordrhein-Westfalen" ermöglicht exemplarisch Einblicke in das vielfältige Leben von Trans* in Deutschland (vgl. Fuchs et al. 2012). Die Studie wurde im Rahmen des Aktionsplanes gegen Homo- und Transphobie des Bundeslandes Nordrhein-Westfalen gefördert. Dafür führten Forscher*innen 30 zweistündige Interviews und nahmen 68 Fragebögen von Trans*Menschen im Alter zwischen 18 und 69 Jahren auf. Aufgrund der Besonderheit und Aktualität der Studie werden die Ergebnisse, da diese für die vorliegende Arbeit eine große Bereicherung und Ergänzung darstellen, im Folgenden zusammengefasst:

- Trans*Menschen sind häufig multiplen Belastungssituationen in verschiedensten Lebensbereichen ausgesetzt. Dabei berichteten die Studienteilnehmenden von unterschiedlichsten Erfahrungen in Bezug auf Akzeptanz und Diskriminierung vor, während und nach der Transition, wobei das *passing*[6] dabei eine wichtige Rolle spielt.

[6] *Passing* bezeichnet sowohl das subjektive Gefühl im Alltag in der eigenen Geschlechtsidentität als Frau oder Mann wahrgenommen zu werden, als auch objektivierbare Kriterien, wie beispielsweise die reibungslose Verwendung des richtigen Pronomens und Vornamens durch andere oder die Inklusion in geschlechtsspezifische oder die „richtigen", gesellschaftlich üblichen Reaktionen des Gegengeschlechts (als Klischee z.B. das Aufhalten der Tür für eine Transfrau). In der Regel erfordert *Passing* eine gewisse körperliche Angleichung an das gefühlte Geschlecht, wobei der Grad der nötigen Angleichung je nach Region (z.B. Bundesland, ländliche oder städtische Gegend), sozialem und kulturellem Umfeld sehr unterschiedlich ausfallen kann (vgl. Fuchs et al. 2012).

- Unabhängig davon, wie die Teilnehmer*innen zum Zeitpunkt des Interviews oder der Fragebögen ihren eigenen Transitions-Verlauf verorten würden, geben alle an, dass sie diesen Schritt noch einmal gehen würden und sich ihre Lebensqualität verbessert hat, auch wenn anschließend neue Problemfelder auftraten.
- Familie, Freund*innen und Partner*innen können sowohl stabilisierende als auch destabilisierende Faktoren sein.
- Der Zeitpunkt des äußeren Coming-Out ist individuell sehr unterschiedlich. Des Weiteren erleben viele Trans*Menschen das innere Coming-Out zumeist weit im Vorfeld, doch durch Angst, Konformitätsdruck, eigene Rollenbilder und Unwissen verzögert sich der Beginn der Transition oft.
- Zum Bereich „Schule, Ausbildung, Arbeitswelt" kann festgehalten werden, dass die Transition in vielen Fällen positiv verläuft, wenn Schulleitung, Vorgesetze o.ä. als auch das Schul-, Ausbildungs- und Arbeitsklima, wirkliche Unterstützung entgegenbrachten. Bei unzureichender Unterstützung traten unterschiedlichste Probleme auf, die nicht selten in Schulwechsel, Arbeitsplatzverlust o.ä. resultierten.
- In Kontakt mit Behörden und beim Umschreiben von offiziellen Dokumenten treten häufig Schwierigkeiten auf. So werden Trans*Menschen bspw. mit früheren Vornamen und Anrede angeschrieben.
- Trans*Menschen berichten von verbalen und physischen An- und Übergriffen, als auch von dem Empfinden, nur noch auf ihre Trans*identität reduziert und nicht mehr als vollständiger Mensch wahrgenommen zu werden, sowohl während der Be-

handlung (von Mediziner*innen, Therapeut*innen o.ä.), als auch im sozialen Umfeld.

- Die psychische Belastung von Trans*Menschen steigt durch die meist sehr lange Verfahrensdauer bei Krankenkassen, beim Medizinischen Dienst oder in Verfahren im Rahmen des Transsexuellengesetztes[7].
- Gesundheitliche und sexuelle Probleme können sich durch geschlechtsangleichende Behandlungen ergeben.

Kenntnisse über Trans*Menschen und ihre Lebenswelten, wie bspw. aus der oben dargestellten Studie, fließen in die vorliegende Arbeit ein. Es lässt sich hier aber noch einmal festhalten, dass fast immer ausschließlich nicht-jugendliche Trans*Menschen hinsichtlich ihrer Adoleszenz, also retrospektiv, befragt werden. Jugendliche Trans* selbst, die sich gerade in dieser Lebensphase befinden, oder Jungerwachsene, die gerade an der Schnittstelle zum Erwachsenenleben stehen, sind häufig keine Zielgruppen innerhalb von Studien oder Forschungsvorhaben.

Die empirische Auseinandersetzung mit Trans*Jugendlichen als Zielgruppe in der (Subjekt)Bildungsforschung ist somit bisher nur ein Schattendiskurs und entwickelt sich in den letzten Jahren langsam und fast ausschließlich in Verbindung mit *lesBiSchwulen* Kontexten (vgl. Kleiner et al. 2013). Diese Arbeit versucht diesem *Schatten* entgegenzuwirken, indem explizit jugendliche und junge erwachsene Trans* in Hinblick auf ihr Leben befragt werden.

---

[7] Das deutsche Recht geht von einer Einteilung in zwei Geschlechter aus. Das Geschlecht eines neugeborenen Kindes muss in das Geburtenbuch eingetragen werden. Das Transsexuellengesetz (TSG) regelt die Änderung des Namens und des Personenstandes, wenn eine Person ihre Geschlechtszugehörigkeit im Laufe des Lebens wechseln möchte (Vgl. Fuchs et al. 2012).

3.1. Exkurs/Auszug: Theoretischer Versuch einer chronologischen Darstellung der Lebenswelt von Trans*Jugendlichen

Die erste bedeutungsvolle Phase eines jeden Trans*Menschen ist die Wahrnehmung des transsexuellen Erlebens. Diese grundlegende Erkenntnis über seine eigene geschlechtliche Identität kann sich zu fast jedem Zeitpunkt im Leben eines Menschen manifestieren. Wovon dies abhängt, kann zum jetzigen Zeitpunkt von niemandem beantwortet werden. Es ist jedoch erfasst worden, dass eine größere Anzahl von Menschen das transsexuelle Erleben erstmalig in der Pubertät verspüren.[8] Die Jugend als kritische Phase der psychosexuellen Entwicklung ist für Trans*Menschen mit der Erkenntnis, „im falschen Körper zu stecken", mit einer starken Irritation verbunden und wird als extremer innerer Konflikt erlebt (vgl. Güldenring 2009).

Die Wahrnehmung der eigenen Transsexualität ist daher ein wichtiger Moment im Lebensverlauf eines Trans*Jugendlichen, und das *Coming-Out* ist mit kaum einem Ereignis in der Jugendphase von heterosexuell lebenden Jugendlichen vergleichbar. Ein Coming-Out als Trans* kann wesentlich komplexer sein als bspw. von homo- oder bisexuellen Jugendlichen, da sie sowohl mit der Frage konfrontiert sind, mit welchem Geschlecht sie sich identifizieren, als auch, welches Geschlecht sie später einmal begehren möchten, denn Sexualität ist nie ohne den Körper zu denken (vgl. Sielert 2005). Im Gegensatz zu – sozialen, religiösen, ethnischen – Minoritäten leben viele junge Trans*gender in Familien, die nicht zu *ihrer* Minorität gehören, das heisst sie sind *fremd* in ihrer wichtigsten Bezugsgruppe (vgl. Güldenring 2009, Sielert 2005).

---

[8] Auf Trans*Kinder wird im Rahmen dieser Untersuchung nicht weiter eingegangen, obwohl diese für die sozialpädagogische Arbeit ebenfalls eine wichtige Zielgruppe darstellen.

Viele Jugendliche versuchen gegen ihr inneres Erleben anzukämpfen, können aber ihre Transsexualität trotz großer Anstrengung meist nicht unterdrücken. Sich darüber hinaus anderen Menschen mitzuteilen, fällt ihnen schwer bzw. wird als unmöglich empfunden, da ihnen oft der Begriff „Transsexualität“ einfach noch unbekannt ist bzw. durch Medien und gesellschaftlicher Stereotypisierung als negativ oder zu dem Zeitpunkt eher *realitäts- und identitätsfern*, bspw. als schillernde Drag Queen oder King, dargestellt wird. Die transsexuelle Identität kann als unerwünscht und als große Last erlebt werden. Gefühle wie die Angst, nicht normal zu sein, und die Verzweiflung, vielleicht nie glücklich in seinem eigenen Körper zu werden, starten einen Vorgang, der zu Isolation und Einsamkeit führen kann (vgl. Güldenring 2009).

Im Gegensatz zu Trans*Kindern erkennen Trans*Jugendliche durchaus schnell, dass sie „etwas in sich tragen“, was in ihrem Leben und in ihrer Umwelt zu Problemen führen kann. Das eigene Sein und die eigene Körperlichkeit werden aus Angst und Ablehnung bekämpft. In Frankreich[9] bspw. wurden 90 Trans*Jugendliche und junge Erwachsene befragt, und 69% (67% der Trans*Jungen/ -Männer und 72% der Trans*Mädchen/ -Frauen) gaben an, Suizidgedanken gehabt zu haben. 34% der Trans*Jungen/ -Männer und 32% der Trans*mädchen/ -Frauen hatten versucht, sich das Leben zu nehmen (vgl. Franzen 2011). Die innerpsychische Auseinandersetzung mit sich selbst ist unausweichlich für die jungen Trans*Personen. Egal ob sie den Weg der geschlechtlichen Angleichung gehen werden oder nicht, sie müssen den Konflikt angehen, um ihn zu bewältigen und um zu einer eigenen Identität zu finden. Ziel ist es aus der Selbstbekämpfung herauszukommen. Das eigene transsexuelle Empfinden hat Auswirkungen auf

[9] Für Deutschland liegen noch keine empirischen Studien zur Lebenswelt von Trans*Jugendlichen vor.

alle Lebensbereiche, die für andere Jugendliche als „normal“ empfunden werden (vgl. Güldenring 2009).

> Sozialer Umgang, Sport, Schule bis hin zur Sexualität, in allem nimmt sich der transsexuelle Jugendliche als außenstehend wahr und ruft sich selber auf, sich so zu verstellen, dass ihm niemand seine ach so peinliche Seite anmerken wird. (...) Folge sind nicht selten – um sich in diese Gesellschaft mit Gewalt hineinzukompensieren – contrasexuelle Verhaltensweisen, die zum Verlust der Authentizität führen. Das Bewusstsein über die eigene Transsexualität bleibt von contratranssexuellen Versuchen jedoch in jeder Hinsicht unbeeindruckt und lebendig. (Güldenring 2009:27)

Nicht der transsexuelle Zustand an sich, sondern die Folgen der inneren und äußeren Konflikte sind Nährboden für andere Leidensformen (bspw. Depressionen, selbstverletztendes Verhalten o.ä.). Eine Destabilisierung der eigenen Persönlichkeit bspw. verwehrt die Chance, die eigene Individualität zu entfalten.

Die Suche nach Lösungsmöglichkeiten erfolgt meist in Einsamkeit, da transsexuelle Menschen sich Ansprechpartner*innen oft selbst verbieten. Der Wunsch sich mitzuteilen, wird zu einem zentralen Thema und Konfliktpunkt. Die innere Auseinandersetzung mit der Möglichkeit, sich einem Gegenüber zu öffnen, ist anstrengend und zerrt Energie. Glücklicherweise haben Trans*Menschen allen Alters begonnen, sich zu organisieren und zu vernetzen. Selbsthilfegruppen und Trans*Organisationen sind entstanden, und Trans*Personen haben selbstständig eigene Onlineportale geschaffen, um miteinander zu kommunizieren und sich auszutauschen. Projekte und Gruppen sind dennoch für viele Trans* nicht zu erreichen, da sich die reale Vernetzung im Gegensatz zur virtuellen Vernetzung im Moment lediglich in Großstadtzentren ereignet.

Viele Trans*Menschen erleben daher eine ständige Verunsicherung und den Zwang, sich in die Geschlechterdualität einfügen zu müssen, da sie keine Möglichkeit haben, andere Trans* persönlich kennenzulernen. Nicht wenige Trans*Menschen bleiben im Heimlichen und Anpassungsmechanismen werden zum inneren Dilemma. Der gesündeste Weg, sich seinem transsexuellen Empfinden zu stellen und das Suchen nach einem individuellen Lösungsweg mit Hilfe von Außen fortzusetzen, ist jedem Trans*Menschen zu wünschen, wird aber bei weitem nicht von jedem realisiert (vgl. Güldenring 2009).

Trans*Menschen, die sich entscheiden, ihr transsexuelles Erleben nach außen zu offenbaren, treten in eine Welt ein, in der sie in der Regel nicht berücksichtigt und anerkannt werden. Bspw. sind öffentliche Toiletten oft nur zweigeschlechtlich organisiert. Der innerpsychische Konflikt wird jetzt durch äußere Konflikte mit der Umwelt ergänzt. Ein transsexueller Mensch löst in der Gesellschaft Verwirrungen und Irritationen aus (vgl. ebd.).

> Der transsexuelle Weg fordert nicht selten einschneidende Veränderungen in Familie, Freundeskreis, Beruf und sozialer Stellung. Das, was im normalen Leben Stabilität und Halt bedeutet, muss ein Mensch im transsexuellen Entfaltungsprozess fast völlig vermissen. (Güldenring 2009:29)

Die Trans*Person durchlebt eine endlose Kette an zwischenmenschlichen Konflikten, Momenten des Unverständnisses bis hin zu Diskriminierungen. Ständig sehen sich Trans*Personen gezwungen, ihre Existenz zu erklären und zu rechtfertigen. Ebenso vor Ärzt*innen, Psycholog*innen und vor dem Rechtssystem, um den Prozess der medizinischen und rechtlichen Geschlechtsangleichung zu beginnen. Das Wissen um die Begutachtungsrichtlinien der Mediziner*innen und Gutachter*innen wird zur Falle für viele Trans*Menschen, denn zahlreiche passen ihre individuelle Entwicklung in den vorgeschriebenen

„perfekten“ Trans*Lebenslauf ein. Viele Trans*Personen orientieren sich an den Vorgaben von Recht und Medizin, anstatt mit Hilfe der (zwar nicht mehr vorgeschriebenen, aber durchaus unterstützenden) Psychotherapie ihren eigenen Weg zum Selbst zu finden.

Im Zentrum der Auseinandersetzung mit sich selbst steht der Geschlechtskörper. Bis Hormonpräparate verabreicht werden können und körpereigene Veränderungen beginnen, versuchen Trans*Jugendliche durch bestimmte Techniken sich dem Wunschgeschlecht anzupassen. Fehlendes wird aufgefüllt, Überflüssiges versteckt und Vorhandenes kann genutzt und umgedeutet werden (vgl. Schuster 2010).

Mit Einsetzen der Hormonbehandlung kommt es in der Regel erstmalig zu einer Beruhigung der innerpsychischen Prozesse und zum ersten Mal scheint eine Lösung realisierbar zu sein. War bis jetzt die Psyche eines jeden Trans* gefordert, wird nun der Körper strapaziert. Die Hormonbehandlungen werden von vielen als angenehm und emotional ausgleichend beschrieben. Trans*Jugendliche unter 16 Jahren erhalten zunächst erst einmal Hormonblocker, um die körpereigene Pubertät zu stoppen. In Ausnahmefällen können ab 16 Jahre, in der Regel ab 18 Jahre Hormone verabreicht werden, die erste angleichende Prozesse in Richtung des gefühlten Geschlechts starten. Trans*Menschen erleben dann mit der Veränderung ihres Körpers wie es ist, langsam so gesehen zu werden, wie man_frau sich fühlt.

Operationen stellen schwierigere Eingriffe dar, die nicht von allen Trans*Menschen aufgrund einer erneuten Krankheits- und Heilungsphase eingegangen werden. Viele fühlen sich auch ohne geschlechtsangleichende Operationen (zumindest erst einmal) im gefühlten Geschlecht „angekommen“ oder lassen sich einfach Zeit mit der Entscheidung. Wenn sich Trans*Menschen für operative Eingriffe entscheiden, dann beginnt danach eine Zeit der Heilung und Wiedererlangung körperlicher Kräfte. Des Weiteren müssen Trans* sich mit ihrer neuen Körperlichkeit auseinandersetzen. Viele erleben endlich eine innere Ruhe und Entlastung. Nach einer Phase des Glücklichseins kann es auch zu einer postoperativen Krise kommen, in der sich die Trans*Menschen mit Fragen auseinandersetzen wie bspw.: Warum überhaupt ich? Wie habe ich diesen ganzen Prozess überhaupt überstanden? Ist es so, wie ich es mir vorgestellt habe? Jeder Trans*Mensch braucht für die Auseinandersetzung mit seiner neuen Körperlichkeit, Sexualität und Nacktheit unterschiedlich viel Zeit. Letztendlich haben Trans*Menschen etwas durchlebt, das nur wenige Menschen in ihrem Leben erfahren werden. Damit selbstsicher umzugehen ist die Grundlage für eine Stabilisierung der eigenen Identität. Der Leidensdruck, der durch den trans*sexuellen Zustand hervorgerufen wurde, schwächt ab und Trans* können sich wieder anderen Dingen und Interessen zuwenden. Der teilweise Entwicklungsstillstand der Persönlichkeit wird gebrochen. Trans*Menschen entwickeln Vorraussetzungen sich dem Leben in seiner Vielfalt zu stellen, neue Erfahrungen im nun *richtigen* Körpergeschlecht zu sammeln und sich zu entfalten (vgl. Güldenring 2009).

4. Theoretische Rahmung

Erziehungswissenschaftliche Biographieforschung beschäftigt sich unter anderem mit der Erforschung von Bildungsprozessen. Ausgangspunkt für die vorliegende Arbeit ist eine Fassung des Bildungsbegriffs, die sich an den Überlegungen und Publikationen von Rainer Kokemohr zur Reformulierung des Bildungsbegriffs aus den letzten 25 Jahren orientiert, und die, von Hans-Christoph Koller als „Theorie transformatorischer Bildungsprozesse" benannt, Eingang in die erziehungswissenschaftliche Literatur und Forschung findet. Letzterer versucht darüber hinaus ebenfalls zu erarbeiten, welche Theorien aus benachbarten Disziplinen der Pädagogik, wie bspw. der Soziologie, Psychologie oder Philosophie, dazu verhelfen können, eine Theorie transformatorischer Bildungsprozesse weiterzuentwickeln.

Diese Arbeit konzentriert sich auf eine dort eingebrachte Theorie: der Subjektivationstheorie von Judith Butler (vgl. Koller 2012).

4.1. Die Theorie transformatorischer Bildungsprozesse

Die bekannteste Fassung des klassischen Bildungsbegriffs hat wohl einst Wilhelm von Humboldt formuliert. Bildung im Sinne Humboldts kann als die höchstmögliche Entfaltung menschlicher Entwicklungspotentiale als Resultat der Auseinandersetzung eines Individuums mit sich selbst und der Welt, in der es lebt, verstanden werden. Nicht die gesellschaftlichen oder wirtschaftlichen Ansprüche an ein Individuum werden hier als Orientierungspunkte für Bildungsprozesse definiert, sondern das individuelle Entwicklungspotential eines jeden Menschen selbst. Nach Humboldt kann das Individuum nicht alleine seine höchsten Entwicklungspotentiale erreichen, es kann seine Kräfte demnach nicht selbstständig entfalten, sondern bedarf hier einen Gegenpart, und „diese Aufgabe löst sich allein durch die Verknüpfung unseres Ichs mit der Welt zu der allgemeinsten, regesten und freiesten Wechselwirkung“ (Humboldt 1960-81, Bd.I, S. 235 f., nach Koller 2012:11). In Humboldts Bildungsdenken bleibt jedoch offen, wer oder was Anstoß oder Ursache von Bildungsprozessen sein könnte. Eine Theorie transformatorischer Bildungsprozesse knüpft hier an. Kokemohr und Koller beschreiben

> Bildung als Veränderung der grundlegenden *Figuren* des Welt – und Selbstverhältnisses von Menschen, die sich potentiell immer dann vollziehen, wenn Menschen mit neuen Problemlagen konfrontiert werden, für deren Bewältigung die Figuren ihres bisherigen Welt – und Selbstverhältnisses nicht mehr ausreichen (vgl. Kokemohr 2007). Bildungsprozesse bestehen demzufolge also darin, dass Menschen in der Auseinandersetzung mit neuen Problemlagen neue Dispositionen der Wahrnehmung, Deutung und Bearbeitung von Problemen hervorbringen, die es ihnen erlauben, diesen Problemen besser als bisher gerecht zu werden. (Koller 2012:15-16)

Kokemohr/Koller entwickeln auf der eben zitierten Grundlage den Bildungsbegriff an dieser Stelle weiter und beschäftigen sich mit der Frage, was eigentlich den Anlass für Bildungsprozesse darstellt. Im Gegensatz zu Humboldt, der eher von einem gleichmäßigen Bestreben eines jeden Individuums nach der Entfaltung seiner Kräfte ausgeht, gibt bei Kokemohr/Koller eine Krisenerfahrung erst den Anstoß zu Bildungsprozessen. Diese Krisenerfahrung ist die Konfrontation eines Menschen mit einer Problemlage, die sich nicht mittels des bis dahin für den Menschen zur Verfügung stehenden Welt- und Selbstverhältnisses lösen lässt.

Diese Grundgedanken nun für diese Arbeit fruchtbar zu machen, bedarf einer Auseinandersetzung mit folgenden Dimensionen:

> erstens, wie sich die Struktur von Welt-, Anderen- und Selbstverhältnissen theoretisch angemessen beschreiben (und empirisch rekonstruieren) lässt, zweitens, welche Erfahrungen bzw. Problemkonstellationen den Anlass bzw. die Herausforderung liefern zur Infragestellung und Veränderung solcher Verhältnisse, und drittens, wie sich die Transformation, als welche Bildung hier verstanden wird, konkret vollzieht, also welche Prozessstrukturen solche Transformationen aufweisen und welche Bedingungen maßgeblich dafür sind, ob die Konfrontation mit neuartigen Erfahrungen tatsächlich zur Entstehung *neuer* statt zur Verfestigung etablierter Figuren des Welt- und Selbstbezugs führt. (Kleiner et al. 2013:2)

Beim Ausarbeiten und Weiterentwickeln der Theorie transformatorischer Bildungsprozesse ist es somit als erstes notwendig, die Struktur jener Welt-, Anderen- und Selbstverhältnisse angemessen zu beschreiben. Diese stellen den Gegenstand der transformatorischen Bildungsprozesse dar. Als nächstes bedarf es einer Auseinandersetzung mit den Problem- oder Krisenerfahrungen, die als Ausgangspunkt für Bildungsprozesse im Sinne einer Transformation grundlegender Figuren des Selbst- und Weltverständnisses eine Rolle spielen. Es muss dann überlegt werden, wie eine Theorie der Transformationsprozesse selbst skizziert werden kann, also welche Verlaufs- und Prozessstrukturen mit welchen Welt- und Selbstverhältnissen auftreten, sodass Neues entsteht, und welche Faktoren das Zustandekommen jeweils begünstigen oder verhindern. Im Rahmen dieser Arbeit wird auf eine detailliertere Ausführung und Erklärung der Dimensionen nicht weiter eingegangen, sondern an diesem Kapitel anschließend ausschließlich die Bedeutung von Judith Butlers Subjekttheorie für das Konzept transformatorischer Bildungsprozesse zusammengefasst herausgearbeitet. Für eine ausführliche Darstellung einer Theorie transformatorischer Bildungsbegriffe wird auf das Buch *Bildung anders denken* von Hans-Christoph Koller aus dem Jahr 2012 hingewiesen.

4.2. Zur Bedeutung der Subjektivationstheorie nach Butler für eine Theorie transformatorischer Bildungsprozesse

Inspiration aus dem Beitrag von Kleiner et al. (2013) schöpfend, wird dieses theoretische Konzept für die Analyse und Interpretation von biographischen Interviews auch hier genutzt, denn

> Butlers Ansatz scheint deshalb geeignet, dem Vorwurf der „Weltvergessenheit“, der bisherigen Ansätze einer bildungstheoretisch orientierten Biographieforschung gemacht wurde (vgl. Wigger 2004), entgegenzutreten und nicht nur die Selbst-, sondern auch die Weltverhältnisse sich bildender Subjekte in den Blick zu nehmen (Kleiner et al. 2013:3).

Butlers Konzept von Subjektivation ist keine Bildungstheorie per se, stellt aber für eine Theorie transformatorischer Bildungsprozesse eine wichtige Ressource dar. Judith Butler als eine der wichtigsten zeitgenössischen Denker*innen der Gender und Queer Studies beschäftigte sich in frühen Arbeiten (*Das Unbehagen der Geschlechter* 1991, *Körper von Gewicht* 1995) mit der Vergeschlechtlichung von Subjekten im Zusammenhang mit sozialen Normen. Später entwickelte sie ihre Subjekttheorie vor allem in dem Buch *Psyche der Macht* (2001). Dabei lässt sich eine Verschiebung ihres bisherigen Schwerpunktes bzgl. der Frage *wie* Subjekte entstehen hin zur Frage *warum* sich Subjekte bspw. sozialen Normen hingeben erkennen. Sie beschäftigt sich mit der Frage, wie Selbst-, Anderen- und Weltverhältnisse entstehen und sich strukturieren (vgl. Kleiner et al. 2013).

„‚Subjektivation' bezeichnet den Prozeß des Unterworfenwerdens durch Macht und zugleich den Prozeß der Subjektwerdung" (vgl. Butler 2001, zit. nach Koller 2012:55). Butler knüpft hier mit ihren Ideen vor allem bei zwei Autoren an: Michel Foucault und Louis Althusser, deren Theorien eine bestimmte Ansicht von Subjektwerdung im Zusammenhang mit Macht bzw. Ideologien besitzen. Nach Althusser wird ein Individuum zum Subjekt (gemacht), indem es von Anderen, von einem Außen *angerufen* wird. Das bekannteste Beispiel Althussers von dem Menschen, der auf der Straße von einem Polizisten mit dem Ausruf „He Sie!" zum Bürger-Subjekt *angerufen* wird, verknüpft Butler mit dem Ausruf des Arztes bzw. der Ärztin: „Es ist ein Mädchen!" Das Kind wird als geschlechtlich eindeutiges weibliches Wesen benannt, und ein Sozialisationsprozess wird in Gang gesetzt, während dem sich das Kind den vorherrschenden, heteronormativen Geschlechterrollen unterwerfen wird bzw. muss (vgl. Kleiner et al. 2013). An dieser Stelle, Foucault hinzuziehend, beruht die „Unterwerfung [...] für Butler auf einer grundlegenden Anfälligkeit des Individuums für die Macht, die sie psychoanalytisch durch die grundlegende Angewiesenheit des Kindes auf andere erklärt" (ebd.:18). Nach Butler ist die Entstehung von Handlungsfähigkeit und Autonomie nur durch die Verdrängung dieser Angewiesenheit zu erreichen, „wobei die unvermeidliche Wiederkehr des Verdrängten dazu führt, dass diese Abhängigkeit vom Subjekt in Form der Übertragung auf andere Personen oder Instanzen unbewusst reinszeniert wird“ (ebd.).

Subjektwerdung ist somit ein grundlegend ambivalenter Prozess: Einerseits unterwirft sich das Subjekt einer anscheinend vorgängigen Macht, aber nur dadurch kann es andererseits seine Existenz und Handlungsfähigkeit erlangen, und somit ebenfalls die Kraft, sich gegen genau diese Macht zu richten (vgl. Koller 2012). Durch Butlers Gedankengang einer zeitlichen Umkehr im Verhältnis zwischen Subjekt und Macht, wird die vermeintlich vorgängige Macht zu etwas, was das Subjekt selbst bewirkt und dadurch seine Handlungsfähigkeit kreiert.

> Butlers Ausweg aus dem Dilemma besteht in der These einer unaufhebbaren Ambivalenz jenseits einer zweiwertigen Logik der Widerspruchsfreiheit [...]. Das Subjekt ist für Butler also nicht *entweder* das bloße Resultat einer ihm vorausgehenden Macht *oder* selbst Instanz der Machtausübung, sondern beides zugleich bzw. der „Schauplatz“, auf dem die Ambivalenz zwischen diesen beiden Seiten ausgetragen wird. (Koller 2012:60)

Das Subjekt ist somit nicht selbst- oder fremdbestimmt, sondern beides zugleich. Vielmehr gibt es eine gewisse Art von Überschuss in der durch die Macht ermöglichten Handlungsfähigkeit, welcher über die Macht hinausreicht. Diesen *Überschuss* verbindet Butler nun mit ihrer Idee von Performativität[10], und ihrem Grundgedanken, dass keine Wiederholung eine völlig identische Reproduktion des Wiederholten sei, allein schon weil die zeitliche Abfolge der Wiederholung und des Wiederholten Raum und Möglichkeit für Veränderung gegenüber ei-

[10] „Die Annahme, Sprache sei performativ, weist den Gedanken zurück, beim Sprechen handle es sich lediglich um die Beschreibung objektiv zu beobachtender Fakten, um statt dessen darauf zu beharren, im Sprechen läge stets auch der Vollzug der Handlung. Damit verschiebt sich das Interesse von der Frage, ob eine bestimmte Aussage wahr oder falsch ist, dahin, ob es ihr gelingt, die von ihr intendierten Effekte herbeizuführen oder nicht.“ (Distelhorst 2009:42)

nem anscheinenden Original schaffen. Dieser Gedanke stellt für eine Theorie transformatorischer Bildungsprozesse insofern eine Ressource dar, dass davon ausgegangen werden kann, dass Welt- und Selbstverhältnisse de facto ambivalent und widersprüchlich sind, dass kein Subjekt ausschließlich autonom oder heteronom entsteht, als auch dass der Begriff der Wiederholung bzw. *Reiteration* „die Möglichkeit [eröffnet], nach Spielräumen für Transformationsprozesse auch in jenen Handlungsweisen der Subjekte zu suchen, die zunächst als bloß bestärkende Wiederholung der eigenen Unterwerfung erscheinen" (Koller 2012:62). Butler bezeichnet die Fähigkeit zum potentiell widerständigen Handeln als *agency* (vgl. Butler 2001).

Des Weiteren vertritt Butler die These, dass ein Begehren des Subjektes existiert, welches sich nach gesellschaftlicher Existenz und sozialer Anerkennung sehnt. Diese Sehnsucht bewirkt, dass sich das Subjekt eher gesellschaftlichen Normen und Zwängen unterwirft, in der Hoffnung als ein bzw. vor allem als das von ihm gewünschte Subjekt anerkannt zu werden. Dabei tendiert das Subjekt dazu, gesellschaftliche Identitätskategorien anzunehmen, die Anerkennung und soziale Existenz dauerhaft sichern. Das Subjekt ist demnach abhängig von einem Außen; einem Anderen; einer Instanz, die ihm gesellschaftliche Anerkennung zu- oder abspricht. Diese Abhängigkeit verstärkt die Anfälligkeit für den Einfluss der Macht auf das Subjekt und die Subjektwerdung. „Besonders nachhaltig wirken gesellschaftliche Normen Butler zufolge, wenn sie soziale Anerkennung an das Verbot eines bestimmten Begehrens koppeln und wenn dieses Verbot nicht nur die *Verdrängung*, sondern die *Verwerfung* dieses Begehrens zur Folge hat" (Koller ebd.:63). Butlers prägnantestes Beispiel hierfür ist das der Verwerfung der Homosexualität (vgl. Butler 2001). *Begehren* wird hier nicht ausschließlich als sexuelle Anziehung zwischen Menschen gedacht, sondern als *Sehnsucht* nach etwas – hier: dem gefühlten Geschlecht, *gender* – bzw. die Sehnsucht nach der Übereinstimmung zwischen gender und sex, dem bei der Geburt zugewiesenen Körpergeschlecht.

Doch genau an dieser Stelle befinden sich auch *Anlass* und *Potential* zur Veränderung eines anscheinend festgeschriebenen Welt- und Selbstverhältnisses.

> Denn wenn das Subjekt vom Begehren nach sozialer Anerkennung getrieben ist, seine melancholische psychische Verfasstheit aber auf der Verweigerung solcher Anerkennung zumindest für einen Teil seines Begehrens beruht, hat dieses Subjekt (auch wenn ihm dies nicht bewusst ist, ja nicht bewusst sein kann) allen Anlass, gegen die gesellschaftlichen Bedingungen aufzubegehren, die ihm diese Anerkennung verweigern. (Koller 2012:67)

Butler zufolge stellt demnach vor allem die Erfahrung eines Subjektes, eine bestimmte Form des Begehrens zu besitzen und durch die Macht versagt zu bekommen, und somit ebenfalls die Anerkennung seiner sozialen Existenz, einen entscheidenden Anlass für Veränderung dar. Auch hier kann das Verwerfen von Homo- bzw. Transsexualität aufgegriffen werden: Subjekten wird ihr Begehren nach einer gleichgeschlechtlichen Partner*innenschaft oder dem gefühlten Geschlecht aufgrund der vorherrschenden Heteronormativität negiert. Veränderungen und potenziell widerständiges Handeln treten dann ein, wenn ein Subjekt sich dazu entschließt, sein Begehren dennoch anzunehmen und zu leben.

Zusätzlich zum Anlass bedarf es einer weiteren Bedingung für Veränderungsprozesse. Dieses Potential sieht Butler in der Struktur der Macht, vor allem der Sprache. Subjekte werden im Zuge ihrer Subjektgenese nicht nur einmal angerufen, sondern immer wieder. In der zeitlichen Struktur der wiederholten Anrufungen besteht nun die

Chance für Veränderung, da eine hundertprozentige Wiederholung zwischen einem Original und einer Kopie nie vollständig möglich ist.

> Bedingung transformatorischer Bildungsprozesse ist nach Butler also die iterative Struktur von (Sprech-)Akten, die mit der Möglichkeit der *Resignifizierung*, d.h. der veränderten Wiederholung einer Anrufung durch die Macht, und damit auch mit der Möglichkeit eines widerständigen Handelns einhergeht. (vgl. Butler 2006:69f. und Kleiner et al. 2013:19)

Neben der iterativen Struktur von Sprache hält Butler diesen Gedanken ebenfalls übertragbar auf körperliche Praxen. Es können somit also Verschiebungen sowohl auf sprachlicher als auch körperlicher Ebene innerhalb vorgegebener gesellschaftlicher Strukturen stattfinden.

> Während die Struktur der Wiederholung aufgrund der Unmöglichkeit einer identischen Reproduktion das *Potential* der Veränderung bereitstellt, liefert die melancholische Struktur der Subjektivität den *Anlass* zum transformatorischen Geschehen. (Koller 2012:67)

An dieser Stelle, Freuds Begriff der Melancholie heranziehend, definiert Butler diese als „grundlegende Verwerfung eines Begehrens, das nie präsent werden konnte, weil es immer schon verworfen war" (ebd.:64). Auf das Leben von Trans*Menschen bezogen würde dies heißen, dass viele Trans* ihre Eigenwahrnehmung zunächst verdrängen und ein Leben als Mann, Frau oder Trans* als reale Option komplett verworfen wird, weil der Gedanke, sich nicht oder nur teilweise mit dem zugeschriebenen Geschlecht zu identifizieren, als komplett unmöglich empfunden wird. Für die vorliegende qualitativ-empirische

Arbeit ist demnach ungemein wichtig, die Struktur des Welt- und Selbstverhältnisses von Subjekten zu erfassen und die

> gesellschaftlichen Normen zu berücksichtigen, die die soziale ‚Anerkennungsfähigkeit' von Subjekten regeln und danach fragen, inwiefern ein Subjekt unter gegebenen gesellschaftlichen Bedingungen in seinem Verhältnis zu anderen durch solche Normen reglementiert bzw. in seinem Begehren begrenzt wird. (ebd.:66)

Des Weiteren ist im Sinne der Theorie transformatorischer Bildungsprozesse zu untersuchen, wie ein Subjekt auf diese Erfahrung reagiert und was für Bedingungen erforderlich sind, dass daraus Potential zum Widerstand und die Entwicklung von Handlungsfähigkeit entsteht.

5. Methode der Forschung

Eine Besonderheit an der Theorie transformatorischer Bildungsprozesse ist die bewusste Eröffnung einer (qualitativ-) empirischen Perspektive innerhalb der bildungstheoretischen Überlegungen (vgl. Koller et al. 2007; Koller 2012), welche ich mir für diese Arbeit zu Nutze gemacht habe.

5.1. Erkenntnisleitende Fragen und erkenntnisleitendes Interesse

Ziel der vorliegenden Studie ist die Rekonstruktion von Erfahrung in Hinblick auf Subjektbildungsprozesse von Trans*Jugendlichen unter den Bedingungen von Heteronormativität. In meiner Arbeit gehe ich von der Annahme aus, dass sich Selbstbildungsprozesse von Trans*Jugendlichen in einem mehrdimensionalen Spannungsfeld sozialer Distinktionen vollziehen.

Angelehnt an meine vorhergehenden Ausführungen und die dort aufgeworfenen Fragen entwickelte sich die folgende erkenntnisleitende Frage: Welche Eigenwahrnehmung und Selbstdefinition(en), speziell auf ihre Geschlechtsidentität und ihr Leben bezogen, haben die Trans*Jugendlichen, und welche Prozesse und Mechanismen tragen zur Bildung ebendieser bei?

Besondere Aufmerksamkeit wird dabei auf die Lebenswelt der Jugendlichen gelegt, als auch auf den Umgang mit Exklusions- und Inklusionserfahrungen. Wie kann Trans*-Sein einen Platz im Leben der jungen Menschen erhalten, vor dem Hintergrund, dass sie de facto in einer heteronormativen Gesellschaft leben und geprägt durch eine entsprechende Sozialisation sind. Was sind Bewältigungsstrategien, die zu Selbstbildungsprozessen führen können, und wie entwickeln die Jugendlichen einen Umgang mit der eigenen Geschlechtsidentität, sowohl persönlich, wie auch in der Interaktion mit dem sozialen Umfeld?

Als letztes soll betrachtet werden, was daraus resultierend Aufgaben theoretischer und praktischer Handlungsfelder sein können, um den Jugendlichen direkt oder indirekt Unterstützung zu bieten, als auch Ansätze auf theoretischer Ebene weiterzuentwickeln.

5.2. Untersuchungsmethode und Datenerhebung

Um eben jene Lebensrealität gut abbilden zu können und eine große Offenheit zu gewährleisten, sowie der Individualität der Selbstdefinition gerecht zu werden, fällt die Wahl auf den qualitativen Ansatz. „Qualitative Forschung hat den Anspruch, Lebenswelten <<von innen heraus>> aus der Sicht der handelnden Menschen zu beschreiben.“ (Flick 2012, S.14)

Um den Gegenstand der Forschung zu erheben, sollen biographische, genauer gesagt *problemzentrierte Interviews (PZI)* geführt werden. Diese können als Kompromiss zwischen teilstandardisierten und narrativen Interviews betrachtet werden (vgl. Flick 2005). PZI haben zum Ziel individuelle Handlungen als auch subjektive Wahrnehmungen und Umgangsweisen gesellschaftlicher Realität möglichst unvoreingenommen zu verfassen. Dabei steht die hohe subjektive Bedeutung der Lebensrealität der Interviewten dem Vorwissen und Annahmen der Interviewer*in gegenüber (vgl. Witzel 2000).

Bezogen auf das PZI ist der Erkenntnisgewinn sowohl im Erhebungs- als auch im Auswertungsprozess vielmehr als induktivdeduktives Wechselverhältnis zu organisieren. Das unvermeidbare, und damit offenzulegende Vorwissen dient in der Erhebungsphase als heuristisch-analytischer Rahmen für Frageideen im Dialog zwischen der Interviewerin und den beiden Befragten. Gleichzeitig wird das Offenheitsprinzip realisiert, indem die spezifischen Relevanzsetzungen der untersuchten Subjekte insbesondere durch Narrationen angeregt werden.

Das Interview wird mit einer auf das Problem zentrierten Frage eröffnet, die so offen gestellt ist, dass der oder die Interviewte beginnen kann, frei zu erzählen kann. Der Erzählfluss wird dabei wenn möglich nicht unterbrochen. Im Anschluss an die Erzählungen der interviewten Person können dann Fragen anhand des Leitfadens gestellt werden.

Die Datenerhebung erfolgte unter anderem anhand eines Kurzfragebogens, der nach den Interviews von den Interviewten ausgefüllt wurde, und einige Daten wie Geburtsort, Alter etc. abfragt. Das Interview wurde auf der Grundlage eines Interviewleitfadens durchgeführt und auf einem Tonträger zur späteren Transkription aufgezeichnet. Im Anschluss an das Interview verfasst die Interviewerin ein Feldprotokoll (vgl. Witzel 2000; Lamnek 2005).

5.3. Entwicklung des Interviewleitfadens

Der Interviewleitfaden wurde so strukturiert, dass verschiedene thematische Aspekte durch Hauptfragen den Lebensverlauf der interviewten Personen anvisieren. Dabei wurde sich an der Arbeit von Karin Schwiter (2011) orientiert.

5.4. Interviewpartner*innen und Rahmenbedingungen der Interviews

Der Kontakt zu den Interviewpartner*innen entstand durch einen Aufruf der Autorin auf Facebook und über private und berufliche Email-Verteiler Mitte Januar 2014, in dem das Forschungsvorhaben erklärt wurde, ohne jedoch das Thema näher zu beschreiben. Die Autorin stellte dar, dass sie jugendliche und junge Trans* jeglicher Selbstbeschreibung und jeglichen Transitionsprozesses bis 26 Jahren gerne zu ihrem Leben interviewen würde. Es wurde erklärt, dass die Interviews mit einem Aufnahmegerät festgehalten und die Transkriptionen der Interviews anonymisiert würden.

Durch die Arbeit der Autorin als Sozialpädagogin, die sich in lgbt*iq[11] Kontexten bewegt und unter anderem mit Trans*Jugendlichen arbeitet, meldeten sich in kurzer Zeit fünf Jugendliche und Jungerwachsene im Alter von 16 bis 23 Jahren. Es wurden für die darauffolgenden zwei Wochen Interviewtermine vereinbart. Alle Teilnehmende waren der Autorin aus ihrer Arbeit als Sozialpädagogin bekannt, aber regelmäßigen Kontakt hatte sie zu den Interviewteilnehmenden zu dem Zeitpunkt der Interviews nicht. Durch den vorherigen sporadischen Kontakt kannte man sich gegenseitig etwas und es entstand eine angenehme Interviewatmosphäre.

Es wurde den Jugendlichen und Jungerwachsenen angeboten, die Interviews sowohl an einem neutralen Ort zu führen, als auch zu Hause bei ihnen. Vier der fünf Interviews wurden in einem Beratungsraum eines Beratungszentrums geführt, welches alle der Teilnehmenden bereits kannten. Eines der Interviews wurde bei der Person zu Hause im Wohnzimmer geführt. Die vertraute Umgebung des Zentrums als

[11] lgbt*iq – Abkürzung für: lesbian gay bisexual trans*gender intersexual queer

auch des Wohnzimmers führte bei allen Interviews zu einer lockeren Interviewsituation.

Die Interviewzeit wurde auf maximal zwei Stunden festgesetzt mit Aussicht auf ein Folgeinterview an einem anderen Tag, wenn gewünscht oder nötig. Das kürzeste Interview lag bei unter 30 Minuten, das längste bei ca. 1,5 Stunden.

Alle Interviewten gaben an, keiner bestimmten religiösen oder ethnischen Gruppen anzugehören. Im Interview benannte eine Person jedoch den spezifischen Migrationshintergrund eines Elternteiles.

5.5. Auswertung der Datenerhebung

Butlers Subjektivationstheorie soll die Sensibilität gegenüber den erlebten Erfahrungen der Jugendlichen schärfen und dient als Art „theoretische Brille“ (vgl. Kleiner et al. 2013).

Für die Rekonstruktion von elementaren Prozessstrukturen des Lebensverlaufes wird die Narrationsanalyse, auch Biografieanalyse genannt, von Fritz Schütze herangezogen. „Die Narrationsanalyse setzt Interviews voraus, in denen sich eine längere, in sich geschlossene narrative Darstellung entwickeln konnte, in der ein sozialer Prozess kontinuierlich, d.h. ohne Interviewerintervention, zum Ausdruck gebracht wird.“ (Przyborski et al. 2010:220) Dies ist beim PZI der Fall. Grundgedanke der Narrationsanalyse nach Schütze ist derjenige, dass soziale Wirklichkeit sich nicht außerhalb der Subjekte befindet, sondern von ihnen konstruiert wird. Hier kann an den Gedankengang der Theorie transformatorischer Bildungsprozesse angeknüpft werden, welcher Prozesse und Veränderungen des Selbst- und Weltverständnisses von Subjekten in den Blick nimmt. Schütze unterscheidet grob zwischen vier idealtypische Prozessstrukturen: dem institutionellen

Ablaufmuster, dem biographischen Handlungsmuster, der Verlaufskurve (Fall- oder Steigkurve) und dem biographischen Wandlungsprozess.[12]

Die beiden in dieser Arbeit dokumentierten Interviews wurden von der Autorin mit Menschen unterschiedlichster beruflicher Hintergründe (Soziologin, Hotelfachfrau, Erziehungswissenschaftlerin, Psychologin, Geschichtswissenschaftlerin, Altenpflegerin) in Intepretationssitzungen diskutiert, um eine Bandbreite von möglichen Lesarten herauszuarbeiten.

Trans*Jugendliche werden in den Interviews und im Forschungsprozess als Akteur*Innen ihrer Lebenswelt verstanden. Selbstdefinitionen, Positionierungen und Erfahrungen - als Teil von Subjektbildungsprozessen - innerhalb dieser sozialen Wirklichkeit, hier also die spezifische Lebenswelt von Trans*Jugendlichen, sollen so anhand von transkribierten Interviews festgehalten und durch die Narrationsanalyse erschlossen, rekonstruiert und greifbar gemacht werden.

5.6. Kritische Anmerkungen, Gegenstandsanpassung und Datenpräsentation

Zu Beginn des Forschungsprozesses war vorgesehen, fünf Interviews zu führen und drei davon für diese Untersuchung auszuwählen. Nach Durchführung der Interviews fiel die Wahl auf die Interviews der drei ältesten Trans*Personen, da sich herausstellte, dass diese am „dichtesten“ von narrativen Passagen geprägt waren und Erzählungen generiert werden konnten. Die drei Ältesten bewegen sich als Junger-

[12] Eine detailiertere Auseinandersetzung mit den Prozessstrukturen wird in dieser Arbeit nicht vorgenommen. Es wird hier die Literatur von Kleeman et al. (2013) und Przyborski et al. (2010) empfohlen.

wachsene nicht mehr nur in der Adoleszenz, sondern befinden sich gerade im Übergang zur Erwachsenenphase und somit „nah dran“ an Erfahrungen, über die sie nun retrospektiv erzählen konnten. Das Moment des „gerade Erlebens“ der beiden Jüngsten kann zwar ebenfalls als kraftvolle Ressource angesehen werden, aber um die Lebenswelten und Erfahrungen am besten in der Auswertung zu kontrastieren, war das Lebensalter ausschlaggebend für die Auswahl der drei Interviews. Denn um über etwas zu sprechen, muss man es erlebt haben. Die drei Interviews liegen transkribiert vor. Im Schreibprozess stellte sich aber heraus, dass der Umfang dieser Arbeit zu knapp bemessen ist für die Auswertung von drei Interviews, woraufhin nur zwei der drei transkribierten Interviews analysiert wurden. Bei den ausgewählten Interviews handelt es sich um ein Interview mit einer Person vor Beginn der Hormontherapie und ein Interview mit einer Person nach Beginn der Hormontherapie. Dieser Lebenspunkt wurde ausgewählt, da mit dem Entscheidungsprozess Hormone zu nehmen grundlegende Reflexionsprozesse und nach Beginn anschließende körperliche Veränderung eintreten, die es in dieser Arbeit ebenfalls darzustellen galt.

6. Darstellung der Ergebnisse

Als erstes wird der Fall von „Sascha“ und anschließend der Fall von „Lisa“ dargestellt. Es folgt ein Fallvergleich, bei dem beide Fälle miteinander kontrastiert werden, um Gemeinsamkeiten und Unterschiede in den Subjektbildungsprozessen herauszuarbeiten.

Bei der Darstellung des einzelnen Falles werden als erstes die objektiven Daten in einer Kurzbiographie zusammengefasst. Anschließend wird die Fallgeschichte rekonstruiert, und die Arbeitsschritte der Formalen und Inhaltlich-Strukturellen Textanalyse aufgezeigt. Die Sequenzen werden als Übersicht vorweggenommen, damit weitere Ausführungen leichter verständlich sind. Ausschlaggebend für die Herausarbeitung der Sequenzen war die inhaltliche als auch die formale Einteilung. Vor allem Rahmenschaltelemente und andere Markierungen galten bei letzterer als Indizien (vgl. Przyborski et al. 2010). Es folgt die strukturell-inhaltliche Zusammenfassung des Interviews und die Beschreibung einzelner exemplarischer Interviewsequenzen. Hier wurde sich entschieden, jeweils die Eingangssequenz und die darauf sofort folgende Sequenz zu analysieren, als auch eine Sequenz hinzuzuziehen, die einen Wendepunkt im Leben der jeweiligen Person darstellt. Am Ende wurde ebenfalls die Ausgangssequenz betrachtet. Aus den Erkenntnissen der Sequenzanalysen wird anschließend versucht, die biographische Gesamtformung, bei Schütze ähnlich des Arbeitsschrittes „Analytische Abstraktion“ als auch die biographische Selbstpräsentation, bei Schütze ähnlich des Arbeitsschrittes „Wissensanalyse“ (vgl. Kleeman et al. 2013), der jeweiligen Person darzustellen.

6.1. Falldarstellung „Sascha“

Sascha ist zum Zeitpunkt des Interviews 23 Jahre alt. Er wurde 1991 in einer Großstadt im Nordwesten Deutschlands geboren und wuchs vermutlich auf dem Dorf nahe dieser Großstadt auf. Seine Eltern sind verheiratet und besitzen ein Haus mit Garten. Er hat eine Mutter, einen Vater und eine zehn Jahre ältere Schwester. Seine Mutter arbeitet als Sozialpädagogin. Sein Vater war während der Kindheit von Sascha beruflich viel unterwegs und abwesend. Seine Mutter und Schwester waren die primären Bezugspersonen für Sascha während seiner Kindheit. Saschas Vater besitzt einen indischen Migrationshintergrund[13]. Es existiert restliche Verwandtschaft in Indien als auch in Norddeutschland, zu denen Sascha aber kaum Kontakt hat. Seine Schwester ist seit ein paar Jahren mit einem Mann verheiratet und zusammen haben sie ein Kind.

Sascha besuchte die Schule und schloss diese mit dem Abitur ab. Danach zog er in eine andere Großstadt in Norddeutschland, und machte dort eine Ausbildung als Texter. Er arbeitet seitdem innerhalb der Werbebranche. Zum Zeitpunkt des Interviews befindet er sich in keiner festen Beziehung.

---

[13] Über die Mutter ist dies nicht bekannt. Es kann vermutet werden, dass diese eine *weiße* Deutsche ist.

Rekonstruktion der Fallgeschichte

Formale Textanalyse

Sequenz (Nummer)	Lokalisierung im Text (Zeile)	Inhalt (Kurzbeschreibung)
(1)	1 – 6	Erzählstimulus
(2)	7 – 11	Abstract
(3)	11 - 54	Kindheit: erste Wahrnehmung der Geschlechtsidentität, Rollenspiele mit sich selbst
(4)	54 - 69	Frühe Adoleszenz (bis 12 Jahren): „gruseliges Erwachen“ (Z. 49/50)
(5)	69 - 99	Adoleszenz (13/14 Jahre): Auseinandersetzung mit Rollenbildern im Freund*innenkreis, „in die Welt reinzuschnuppern in die Jungswelt“ (Z.84), Abneigung gegenüber körperliche Veränderungen und Sozialisierungserwartungen, erste (homo-)sexuelle Gefühle
(6)	99 - 142	Adoleszenz: zweijährige Verliebtheitsphase, Wahrnehmung des Anders-Sein/„Lesbisch sein“
(7)	142 - 163	Fernsehen: Erster Kontakt mit dem Wort/Thema „Transsexualität“
(8)	163 - 192	Adoleszenz (15-18/19 Jahre): erste Beziehung, Abgrenzungsversuche zu „Lesbisch sein“
(9)	192 – 204	Outing gegenüber den Eltern als „lesbisch“, keine Thematisierung, Erfahrun-

		gen zu Hause
(10)	204 - 232	Adoleszenz (15/16 Jahre): „dunklere Zeit der Auseinandersetzung“ (Z.208), körperliche Abneigung
(11)	232 - 320	Adoleszenz (bis zum Abitur): Essgestörtes Verhalten, exzessives Sporttreiben, (Selbst-)Therapieerfahrung
(12)	320 - 342	Adolenszenz (bis zum Abitur): Familie, Beziehung, „anderer Scheiß“
(13)	342 - 360	Übergang Jugend/Erwachsenenzeit: Auszug aus dem Elternhaus und Umzug nach [B-Stadt]: Essgestörtes Verhalten, Alleinsein und Frustration, erhöhter Alkoholkonsum
(14)	360 – 402	Mitbewohner als Augenöffner
(15)	402 – 478	Momentane Lebensphase: „eine ganz schöne Zeit“ (Z.405), Auseinandersetzung mit sich selbst
(16)	478 – 506	Momentane Lebensphase: Auseinandersetzung mit anderen/der Welt, „ich mag [...] Provokation“ (Z. 486f.)
(17)	506 – 522	Zukunft: kritische Gedanken bzgl. des Umgangs mit cis-Männern, „männliche“ Position im Geschlechterverhältnis
(18)	523 - 604	Erste Nachfrage (Familie): „unemotionales Zuhause“ (Z. 537): („deutsche“/*weiße*?) Mutter und 10 Jahre ältere Schwester als Bezugspersonen, indischer Vater, Mutter will Abwesenheit des Vaters bei der Erziehung von Sascha

(19)	604 – 632	Auseinandersetzung mit der Abwesenheit des Vaters auf eigene Identität
(20)	632 – 658	Restliche Verwandtschaft in Indien bzw. A-Stadt in Deutschland unbedeutend, „hab keine Sexualität glaub ich für die“ (Z.655)
(21)	659 – 683	Umgang der Familie mit Partnerinnen von Sascha
(22)	684 – 694	Keine Thematisierung des Themas „Trans*“ in der Familie
(23)	696 - 735	<u>Zweite Nachfrage (Schule/Ausbildung):</u> negative Erfahrungen in der Schule bzgl. „lesbisch“ sein bzw. „geschlechtsuneindeutig sein“: Mädchenumkleide, Körperbehaarung; Enttäuschung bei den ersten Versuchen, sich als Trans* zu outen
(24)	735 - 752	Ausbildung in der Werbebranche als Texter: kein Trans* Outing, „ich war halt wieder dieses kleine asexuelle Häufchen“ (Z.741)
(25)	752 - 782	Momentane Lebensphase: angenehme Erfahrung als Trans* im engeren Freundinnenkreis, wichtige Aspekte beim Kennenlernen von neuen Menschen
(26)	783 - 800	<u>Dritte Nachfrage (Momentane Lebenssituation):</u> Unzufriedenheit mit dem Beruf, Trennung von der Partnerin, Privatleben (Sport, Freundinnen treffen, verbessertes Körpergefühl gegenüber Partnerinnen)

(27)	800 - 850	Arbeitsplatz: Unzufriedenheit mit der Gesundheit aufgrund des Schreibtischjobs, Konfrontation und Umgang mit heteronormativen Texten bzw. Kolleg*Innen
(28)	850 - 870	Momentane Lebenssituation: Zufrieden mit sich selbst und dem aktuellen sozialen Umfeld, Schwierigkeiten beim Kennenlernen von neuen Menschen/Umfeld
(29)	870 - 893	Trans* als zukünftiges Thema/Auseinandersetzung
(30)	893 - 910	Erfahrungen bzgl. der Wahrnehmungen von Anderen
(31)	910 - 918	„Aufbruchsstimmung“ (Z.918)
(32)	919 - 988	Vierte Nachfrage (Freizeit): Sport, Freundinnen bzw. Partnerinnen sehen, Bharatanatyam tanzen (indischer Tanz), „großer Fan [...] von Freizeitstress“ (Z.885f)
(33)	989 - 1058	Fünfte Nachfrage (Zukunftsvorstellungen): (1) realistisch: Studium (Hauptfach: Sozialwissenschaften, Nebenfach: „Nischensprache“ (Wunsch: Indisch), ungewisse Auseinandersetzung mit Trans*-Sein, möglicher Wunsch nach „Spießer“-Sein/ Sesshaftigkeit (2) utopisch: Studium (Indologie), toller Nebenjob, reflektiertes soziales Umfeld

(34)	1059 - 1144	<u>Sechste Nachfrage (Bedeutungsvolle Aspekte aus dem gerade Erzählten):</u> Evaluation: „vielleicht ist es tatsächlich gut so dass die Dinge so sind“ (Z. 974f.), Akzeptanz der eigenen Geschlechtsidentität, skurrile Therapieerfahrung: „neue Weiblichkeit“ (Z.1006), geschlechtliche Uneindeutigkeit als Ressource, Stolz-Sein auf eigene Denkprozesse/Reflexionsvermögen
(35)	1145 - 1215	<u>Siebente Nachfrage (Möglichkeit ein noch nicht angesprochenes Thema einzubringen):</u> speziell: Verbindung zwischen Kindheit/Vater und eigene Identität, allgemein: Biologie/Sozialisations-Einflüsse, unschlüssig ob Liebesbeziehungen/Sexualität von Trans*Menschen Thema sein kann/sollte, Betonung der Vielfältigkeit von Trans*Menschen
(36)	1215 – 1217	Koda: Zufriedenheit mit dem Interviewverlauf

Inhaltlich-Strukturelle Textanalyse

Zusammenfassung

Ausgangspunkt von Saschas Narration ist, wie er im Alter von drei/vier Jahren seine Geschlechtsidentität das erste Mal wahrnimmt. Beim Spielen definiert er sich als Junge und probiert verschiedene „Er's" aus. Im Alter von zwölf/dreizehn bemerkt er körperliche Veränderungen, die ihn sehr traurig machen. Diese Erfahrung markiert einen Wendepunkt im Leben des Biographen. In dieser 4. Sequenz wird die Mutter als erstes Gegenüber, die sich über den Eintritt der weiblichen Pubertät freut, benannt. Der Biograph realisiert, dass sein Körper die weibliche Pubertät durchlaufen wird, er nicht „Peter Pan" ist und sein Umfeld ihn als Mädchen wahrnimmt. Im Alter von 15/16 Jahren definiert Sascha eine „zweite Auseinandersetzungsphase": Er beobachtet seine Mitschülerinnen und Mitschüler „und was da so passiert". Er stellt sich die Frage „was heißt das momentan in meinem Umfeld n Mann zu sein oder ne Frau zu sein?". Sascha fühlt sich in der „Mädchenwelt" unwohl, und erzählt: „in die Jungswelt konnt ich irgendwie nicht so ganz reinschnuppern". Der Biograph setzt sich stark mit seinem Gefühlserleben auseinander, und erklärt „wenn ich mich jetz als Junge oder Mann oder wie auch immer empfinde eigentlich [müsste ich ja] auch Frauen toll finden." Hier wird das thematische Feld „Lesbisch-Sein" und darauf basierend eine erste Erzählkette eingeführt. Sascha berichtet, wie er heimlich die Unterwäsche-Seiten des Quelle-Katalogs durchblättert, und sich nach einiger Zeit auch das erste Mal verliebt - in eine sehr gute Freundin. Darüber denkt er lange Zeit nach, da ihm klar ist, dass ist „nicht das was die normalen Mädchen machen". Zur gleichen Zeit hört er das erste Mal das Wort „Transsexualität" im Fernsehen und kommt mit der Thematik in Berührung. Dies könnte als entscheidender Wendepunkt vermutet werden, aber hier erzählt er, dass dieses „a-ha“-Erlebnis sich aber nicht „krass niedergeschlagen“ hat. Er argumentiert, dass er immer schon so war wie er jetzt ist. Während seiner ersten Beziehung zu einem Mädchen thematisiert er seine Geschlechtsidentität erstmalig, aber so „richtig sagen wollt [er]'s dann auch nich“. Das Thema wurde dadurch aber „mal n Stück weit alltäglicher“. Seine Eltern thematisieren sein „Lesbisch-Sein“ verbal nicht, aber drohen mit Sanktionen. Auch sein Umfeld nimmt ihn als „lesbisch“ war. Dem Biograph ist es jedoch sehr wichtig, sich von dieser Fremddefinition abzugrenzen. Ein Outing als „Trans*“ vor der Familie geschieht aufgrund der schlechten Erfahrungen bzgl. seines „Lesbisch-Seins“ innerhalb der Familie nicht. Mit fünfzehn/sechzehn beginnt dann eine „dunklere Zeit der Auseinandersetzung“. Sascha entwickelt essgestörtes und sportsüchtiges Verhalten aufgrund seiner Abneigung gegenüber seinem Körper. Diese Zeit sticht als absoluter Tiefpunkt seines bisherigen Lebenslaufes raus. Auf wenigen Erzählungen folgen viele Argumentationen und Beschreibungen für diese Zeit seiner Jugend, um bestimmte Verhaltensweisen und Einstellungen zu rechtfertigen und für den Zuhörer nachvollziehbar zu machen. Sascha erzählt, dass er einen Therapeuten für ca. ein Jahr besuchte. In der Therapie wird laut Sascha jedoch weder das Thema Essstörung noch das Trans*-Sein aufgegriffen, und somit kommt die Chance auf Veränderung und Unterstützung nicht zustande. Des Weiteren versucht Sascha in die „Jungswelt“ reinzuschnuppern, aber macht schlechte Erfahrungen mit männlichen Freunden. Sein Abitur schafft er trotz allem abzuschließen und er zieht daraufhin in eine andere Großstadt in Norddeutschland. Diese Entscheidung stellt den Wendepunkt innerhalb seiner Biographie dar, der allmähliche Wandlungsprozesse in Gang setzt. Er beginnt die Ausbildung zum Werbetexter, und obwohl seine Beziehung sich nach seinem Umzug auflöst und er neben seinem essgestörtem und sportsüchtigem Verhalten zu dieser Zeit viel Alkohol trinkt, ist ein Höhepunkt dieses neuen Lebensabschnittes, dass sein erster Mitbewohner ein Trans*Mann ist, mit dem Sascha sich viel austauschen kann. Diese Erfahrung kann als Wendepunkt in Saschas Denkprozessen festgehalten werden. Sascha setzt sich mehr und mehr mit Männlichkeitsbildern, männlichen Privilegien und Rollenvorstellungen auseinander, und Trans*-Sein gewinnt für ihn eine neue Bedeutung. Er erzählt weiter, dass er Treffs für jugendliche und junge Menschen innerhalb der lgbt* community besucht, fühlt sich dort aber oft nicht in seiner Geschlechtsidentität wahrgenommen und ist frustriert über die Fremdzuschreibung des Lesbisch-Seins. Er erzählt aber auch, dass er sich im Moment gut fühlt und angekommen an seinem neuen Wohnort und in seinem Freund*innenkreis, den er aber interessanterweise doch aus den lgbt*-Treffs akquiriert hat. Er beschreibt über einige Passagen hinweg, wie er seine momentane Zufriedenheit mit sich selbst und seinem Leben so „self-made mäßig hingekriegt" hat. Er spricht davon, dass es viele „schleichende Veränderungen" gab und sein Leben „entwickelt sich irgendwie in so ne positive Kurve". Der Biograph verdeutlicht aber auch sein Unbehagen im Umgang mit Anderen, vor allem mit cis-Männern, „weil sie so unreflektiert sind und irgendwie überhaupt keine Ahnung haben". Sascha erzählt: „ich versuche nich mir irgendwelche männlichen Eigenschaften irgendwie anzueignen wenn ich sie nich selber hundert Prozent will und ich hab halt [...] für mich akzeptiert ich bin wahrscheinlich irgendwie feminin." Mit dieser Einstellung genießt er es sogar, im Alltag kleinere Provokationen hervorzurufen. Am Ende des ersten narrativen Interviewabschnittes schließt er mit der Evaluation: „ich war schon immer halt zum Teil Sozialisierung zum Teil wahrscheinlich einfach mein Charakter".

Auf die erste Nachfrage der Interviewerin zu seinem Familienhintergrund, von dem er bis dato kaum etwas berichtete, spricht er von einem „unemotionalen Zuhause". Hier erzählt er das erste Mal von seiner 10 Jahre älteren Schwester, die eine seiner Bezugspersonen während der Kindheit war und oft mit ihm gespielt hat, und seinem

Vater, zu dem er kein besonders gutes, aber auch kein besonders schlechtes Verhältnis besitzt. Es entsteht ein Bruch zu dem zuvor berichteten: Der Biograph spielte einerseits oft alleine, aber andererseits betont er hier wie sehr er seine Schwester und ihre kreativen Ideen, „was man mit mir so machen konnte“ bewunderte. Er erzählt, wie seine Mutter den Vater bei der Erziehung des zweiten Kindes nicht anwesend haben wollte. Als Erklärung gibt Sascha an, dass das indische Leistungsdenken seines Vaters wohl den Konflikt innerhalb der Familie darstellte. Hier benennt der Biograph das erste Mal seinen ethnischen Hintergrund väterlicherseits. Er beschreibt ausführlich, dass die Ehe seiner Eltern eher dem Zweck galt und dass seine Eltern sich nie umarmten oder küssten. Der Biograph erzählt, dass er restliche Verwandtschaft sowohl in Indien als auch in Deutschland habe, aber diese keine große Bedeutung besitze. Er berichtet, wie er sich „fast schon asexuell gefühlt“ hat, weil niemand seiner Verwandten jemals gefragt hat, ob er womöglich in einer Beziehung ist. Das Themenfeld „Lesbisch-Sein“ wird hier durch „Asexuell-Sein“ erweitert. Seine Mutter und Schwester wussten von Saschas erster Beziehung zu einem Mädchen, diese wurde aber nicht weiter thematisiert. Sascha erzählt, dass auch als er letztes Jahr seine damalige Freundin nach Hause mitgebracht hatte, „AUCH DA KEINER FRAGT WER DAS IS“. Die Betonung dieser Aussage lässt auf eine große Verletztheit und Frustration deuten. Auf die Nachfrage der Interviewerin, ob er sie denn vorgestellt hätte, antwortet Sascha: „ich hab sie *nicht als meine Freundin vorgestellt*“. Sein Argumentationsmuster, was zuvor schon an einigen Sequenzen zum Vorschein gekommen ist, lässt sich an diesem Beispiel sehr gut zu erkennen: Einerseits erwartet er und wünscht sich, dass man ihn wahrnimmt, sieht und fragt, andererseits tritt er selbst nicht in die Offensive, und erklärt oder spricht Dinge nicht an. Dieses Muster tritt immer wieder im Interviewverlauf auf. Sascha berichtete weiterhin, dass er nicht darüber nachdenken will, sich als „Trans*“ in der

Familie zu outen „es sei denn man entscheidet sich halt echt für krasse Maßnahmen“. Er evaluiert, dass das „Dinge [sind] die [er sich] halt überlegen müsste“.

Auf die zweite Nachfrage der Interviewerin zu seinem schulischen und möglichen Ausbildungsverlauf erzählt er als erstes über Erfahrungen während der Schulzeit, und greift das thematische Feld auf: „für die meisten andern [war er] ma so:ne richtige Lesbe“. Dieser Interviewteil ist nur von wenigen Argumentationen und Beschreibungen durchschnitten. Er berichtet über negative Erfahrungen in der Mädchenumkleide, schwierige Momente beim Thema „Körperbehaarung“ und erste Versuche eines Trans*Outings vor männlichen Freunden, die ihn sehr verletzten, und das Thema somit wieder in den Hintergrund geraten ließ. Er erzählt weiterhin, dass er die Ausbildung in der Werbebranche nach dem Abitur in einer neuen Stadt begonnen hat, und auch dort kein Trans*Outing geschah, sondern dass er auch dort „halt wieder dieses kleine asexuelle Häufchen“ war. Hier greift wieder sein Argumentationsmuster „ich sag halt wirklich bewusst asexuell weil die Leute halt auch nich fragen“. Er erwartet auf der einen Seite als sexuelles bzw. geschlechtliches Wesen wahrgenommen zu werden, auf der anderen Seite tritt er selbst in keine aktive Rolle, um dies seinen Mitmenschen bzw. Umfeld mitzuteilen. Er erzählt weiter, dass er nur vor ein paar guten Freund*innen geoutet ist, und gute Erfahrungen als Trans*Person im engeren Freund*innenkreis macht. Er hält am Ende dieser Narrationspassage fest, dass sein Bedürfnis danach, also „out“ zu sein, auch mit der Zeit abgenommen hat und andere Aspekte wichtiger sind, wenn er Menschen kennenlernt.

Auf die dritte Nachfrage der Interviewerin zu seiner aktuellen Lebenssituation erzählt er einerseits von seiner Unzufriedenheit am Arbeitsplatz und andererseits seiner Zufriedenheit mit dem Privatleben. Die Auseinandersetzung mit Werbetexten, die eindeutige Zweigeschlechtlichkeit und Heterosexualität „reproduzieren“ bringen ihn an seine Grenzen. Im Kontrast dazu ist er aber durchaus zufrieden mit sich selbst und seinem aktuellen sozialen Umfeld. Hier greift er das Thema „essgestörtes Verhalten“ und Körperlichkeit aus dem ersten Narrationsabschnitt auf, und erzählt, dass sich sein eigenes Körpergefühl um „TAUSEND Schritte [...] und das ganz unbemerkt“ verbessert hat. Er erzählt weiterhin, wie sich seine Gefühle bzgl. seiner eigenen Geschlechtsidentität verändert haben. Früher hielt er an den Gedanken fest, dass wenn er Hormone nehmen würde, dann wäre sein ganzes Leben besser, heute weiß er es ist nicht so. Er schildert des Weiteren seine Erfahrungen beim Besuchen von Treffs in der jungen lesbisch-schwulen Szene, aber auch hier ist er unzufrieden, da er oft auch an diesen Orten als „lesbisch“ gelesen wird. Auch hier tritt das Thema wieder auf, frustriert darüber zu sein, als lesbisch oder asexuell fremddefiniert zu werden. Er evaluiert diesen Interviewabschnitt, indem er die aktuelle Lebenssituation als „Aufbruchsstimmung“ beschreibt, denn er weiß, er muss sich „mal überlegen wie is=n das jetz? [...] MÖCHTEST du irgendwie irgendwann als Mann leben anerkannt?“. Die Bedeutung auf „möchte“ verdeutlicht die eigene Auseinandersetzungsfähigkeit und das hohe Reflexionsvermögen Saschas bzgl. seiner Geschlechtsidentität.

Auf die vierte Nachfrage, was Sascha in seiner freien Zeit unternimmt, gibt er an aufgrund des Jobs unter der Woche nicht soviel schaffen. Er versucht Sport zu machen oder Freundinnen zu treffen. Er erzählt des Weiteren: „ich=eh tanze Bharatanatyam“, einen indischen Tanz. Das leise Aussprechen dieser Aussage lässt vermuten, dass ihm dieses Hobby eventuell unangenehm sein könnte, da – wie er später erklärt – man für diesen Tanz einen Sari trägt, „also ein KLEID so gesehen“, was für ihn womöglich einen Bruch bzgl. seiner bisherigen Ausführungen und zu seinem Lebensverlauf steht. Der Biograph erzählt, wie sehr ihn dieser Tanz herausfordert und er vor allem neue Körpererfahrungen sammeln kann.

Auf die fünfte Nachfrage, wie seine Zukunftsvorstellungen aussehen, unterscheidet er zwischen realistischen und utopischen Zukunftsvorstellungen: Er erzählt von seinem „realistischen“ Wunsch demnächst ein Studium im sozialwissenschaftlichen Bereich mit einem sprachwissenschaftlichen Nebenfach, womöglich sogar Indisch, zu beginnen, da ihn sein aktueller Beruf nicht mehr reizt oder weiterbringt. Hier spricht er kurz von seinem Vater und seinem indischen Familienhintergrund. Bzgl. des Studiums sagt er: Er „hätte einfach Bock nochma was zu lernen“ und sich „mit Dingen [zu] beschäftigen die vielleicht NIE WIEDER interessant sein werden für mich“. Sein Nachtrag „grade das find ich schön das is so=n bisschen wie mit Trans (lachend) das is AUCH eigentlich nich wichtig für mich und grade deswegen ist es so schön“ bricht mit vorherigen Erzählungen und klingt unplausibel. Seine darauf anschließende Aussage „eh genau das mmh will ich jetz irgendwie (die) nächsten Monate einleiten oder auch nich ma gucken“ lässt ebenfalls offen, ob es sich dabei um das Studium oder einen möglichen nächsten Schritt als Trans*Person o.ä. handelt. Seine vagen Vorstellungen und ggf. Unsicherheiten, wer er in Zukunft sein will und wie er seine Zukunft gestalten will, versucht er hier durch das Lachen zu bagatellisieren. Auf die Nachfrage der Interviewerin hin, was denn seine utopischen Zukunftsvorstellungen seien, spricht er davon Indologie zu studieren, einen tollen Nebenjob zu haben und nur von reflektierten Menschen umgeben zu sein. Das thematische Feld „Indische Wurzeln“ taucht oft als Erzählkette gegen Ende des Interviews auf.

Auf die siebente Frage der Interviewerin hin, ob Sascha bestimmte Aspekte aus der Interviewstunde noch einmal betonen möchte, weil diese ihm wichtig seien, reagiert er mit der Gegenfrage: „einfach so oder in Bezug auf Trans*?“ Es wird hier eine deutliche Trennung erkennbar: Es gibt einen Teil seines Lebens abseits des Trans*-Seins. Letztendlich entscheidet sich der Biograph dafür sein Trans*Sein noch einmal aufzunehmen und erzählt, dass er denkt „vielleicht ist es tatsächlich gut so das die Dinge so sind [...] ich bin so da und bin so wie ich bin halt um irgendwie diese Denkprozesse zu erleben“. Seine geschlechtliche Uneindeutigkeit wird hier als Ressource dargestellt, nicht um die Welt zu verändern, aber „dieses Kleine das das neu [zu] etablieren“. Der Biograph denkt noch einmal an seine Jugendzeit zurück und evaluiert „es is keine Entscheidung ich hatte keine Entscheidung des war irgendwie so“. Auch hier befindet sich ein Bruch zu vorherigen Aussagen. Einerseits spricht er davon das Trans*-Sein bspw. eigentlich nicht wichtig für ihn ist, oder sein Bedürfnis auch nach außen als Mann anerkennt leben zu können weniger geworden ist, und dennoch wird hier durch das Absenken der Stimme deutlich, dass es kein abgeschlossenes Thema ist, sondern, wie er zuvor ebenfalls ausführte, er sich in einer „Aufbruchsstimmung“ befindet, die ihn, so lässt sich vermuten, auch irritiert und ängstigt.

Die letzte Frage der Interviewerin beinhaltet die Möglichkeit ein noch nicht angesprochenes Thema einzubringen. Der Biograph bietet mehrere Themen an, bspw. sich mit der Beziehung zu seinem indischen Vater auseinanderzusetzen. Er spricht des Weiteren von Biologie- bzw. Sozialisations-Einflüssen, die ggf. auf ein Leben als Trans* wirken könnten, und ist sich ebenfalls unschlüssig, ob das Thema „Sexualität von Trans*Menschen“ vielleicht noch aufgegriffen werden könnte. Auf die Aussage der Interviewerin, dass in diesem Interviewabschnitt durchaus Raum zur Thematisierung dieser Aspekte wäre, begegnet Sascha „nja mir is es nich unbedingt wichtig“. Hier erschließen sich noch einmal die drei herausgearbeiteten Erzählketten. Die Erzählkette „Indische Wurzeln“ wird angesprochen, als auch „Sexualität“ – hier nicht mehr in Erzählungen zu Abgrenzungsversuchen gegenüber „Lesbisch“- oder „Asexuell“-Sein, aber thematisch eindeutig nahe liegend. Die weitere Erzählkette „Ich werde nicht gefragt bzw. wahrgenommen, aber das ist vielleicht auch gut so“ wird durch seine

Aussage, es sei ihm ja nicht so wichtig, reproduziert. Es lässt sich vermuten, dass wenn er eine konkrete Fragestellung seitens der Interviewerin erhalten hätte, er alle Thematiken ausführlich erzählen könnte - aus Eigeninitiative heraus jedoch nicht. Schlussendlich beendet Sascha das Interview nach einer Pause von (5) Sekunden mit „joar aber passt schon“. Hier verbleibt der Biograph in seiner passiven Erwartungshaltung anderen Menschen gegenüber, die ihn zu seinem Leben fragen sollen.

Strukturelle inhaltliche Beschreibung einzelner exemplarischer Interviewsequenzen

Eingangssequenz und Abstract

Anhand der Eingangssequenz soll überprüft werden, ob Sascha den Stimulus ratifiziert und ob tatsächlich eine Erzählung zustande kommt.

> I: okay genau das Ding läuft ich leg=s mal in deine Richtung genau also ich äh das Thema ist (lacht) ich interessiere mich (...) für das Leben von jugendlichen und jungen Menschen in Hinsicht auf deren Geschlechtsidentität und ich würde dich daher bitten mir zu erzählen wie dein Leben verlaufen ist mit all dem was aus deiner Sicht zu diesem Thema wichtig ist.
>
> S: Aus meiner Sicht? //mmh// mmh okay mmh mmh dann fang ich mal ganz vorne an (lacht etwas) bei d/ dem Klassiker sag ich mal so wenn ich Menschen ehm tatsächlich so mal von Anfang an die Story erzähle fang ich immer mit einer Anekdote an ehm weil ich die für mich total bezeichnend finde //mmh// (Z. 1 – 11)

Die ersten beiden Sequenzen bestehen aus dem Erzählstimulus (1) und dem Abstract (2), auch Erzählpräambel genannt, welches darauf Folgendes zusammenfassend ankündigt (vgl. Pryzborski et al. 2010). Nach anfänglichem Ausrichten des Mikrophons und kurzer Irritation gewinnt die Interviewerin ihren Fokus zurück und stellt den Stimulus ohne Unterbrechung. Die Interviewerin setzt den Erzählstimulus, indem sie erklärt für welches „Thema“ sie sich in ihrer Arbeit, für die das Interview geführt wird, interessiert. Obwohl die Erklärung der Interviewerin recht lang und ausführlich ist, sind keine Äußerungen in Form von //okay// oder //mmh// von Seiten Saschas zu vermerken. Aus dem Feldprotokoll ist ersichtlich, dass der Biograph ruhig und gefasst, aber auch etwas „skeptisch“ blickend den Interviewbeginn verfolgt. Dies könnte bedeuten, dass Sascha eventuell irritiert ist durch das Arrangieren des Mikrophons durch die Interviewerin. Ebenso könnte vermutet werden, dass Sascha, vielleicht vor allem weil das Mikrophon nun auf ihn gerichtet wurde, konzentriert bei der Sache ist bzw. sein will und versucht so gut wie möglich die Interviewfrage aufzunehmen und zu verstehen.

Sascha reagiert überrascht auf den Stimulus, vor allem auf die Worte „aus deiner Sicht“. Er nimmt den Stimulus als erstes nicht an, sondern will sich mit der Nachfrage „aus meiner Sicht?“ vergewissern, ob er es auch richtig verstanden hat, dass er aus seiner Sicht etwas über sein Leben erzählen soll. Diese Aussage ist etwas verwunderlich, wenn man bedenkt, dass die Interviewpartner*innen explizit innerhalb einer bestimmten Zielgruppe gesucht wurden mit dem Hinweis, dass narrative Interviews über ihr Leben geführt werden würden.[14] Hier kann eine erste Vermutung aufgestellt werden, und zwar dass nie oder kaum jemand Sascha nach seiner Meinung, Haltung oder Gefühlen bzgl. seines Lebens bzw. seiner Geschlechtsidentität fragt. Des Weiteren ist es

[14] Konkret hieß es in dem Aufruf: Es handelt sich dabei um narrative Interviews, bei denen ich mich vor allem ganz allgemein für euer Leben interessiere.

denkbar, dass der Biograph andere Erwartungen an das Interview hatte und sich womöglich eine präzisiere bzw. enger gefasste Fragestellung, wie es im Rahmen eines Leitfadeninterviews ggf. vorhanden wäre, gewünscht hätte, um auf gewisse Vorgaben reagieren zu können. Die Offenheit des Erzählstimulus mit dem Fokus auf seine Entscheidung wie er das Interview thematisch beginnen möchte, bringt ihn aus der Bahn. Eine dritte Denkweise seiner Äußerung „aus meiner Sicht?" könnte sein, dass Sascha sich womöglich gar nicht als jemand sieht, der mit der im Erzählstimulus genannten Zielgruppe, also jugendliche und junge Menschen und deren Geschlechtsidentität, angesprochen wird und sich nun vielleicht fragt, ob das Interview denn überhaupt Sinn macht.

Nachdem die Interviewerin Sascha mit einem //mmh// versichert, dass er und seine Meinung gemeint ist, erklärt sich dieser mit einem „mmh okay mmh mmh" bereit, über Persönliches zu reden. Die mögliche Skepsis zu Beginn des Interviews fällt ab und Sascha erzählt fast ununterbrochen[15] über sein Leben für die nächsten 35 Minuten/bis Z. 522. Dies erstaunt, vor allem unter dem Aspekt, dass Sascha es zu Beginn so überrascht hat, dass er um seine Meinung gebeten wurde. Es kann somit von einer Ratifizierung des Stimulus durch Sascha ausgegangen werden. Des Weiteren kann die Vermutung, er könne sich selbst nicht als angesprochene Zielgruppe der Masterarbeit empfinden, durch die Annahme der Erzählaufforderung falsifiziert werden. Dies wird auch in den folgenden Sequenzen bestätigt, bei denen es sich durchgängig um Episoden aus dem Leben von Sascha handelt, die er stets mit dem Thema „Geschlechtsidentität" verknüpft. Er ist Ereignisträger seiner Erzählungen, was an der Verwendung des Personalpronomens „ich" deutlich wird.

[15] Die Interviewerin stellt drei Ad-Hoc-Fragen, die dem Verständnis der Erzählung dienten. Sascha schließt nach allen drei Fragen fast nahtlos an seine Ausführungen an.

Der Biograph beginnt seine Ausführungen mit „dann fang ich mal ganz vorne an (lacht) bei d/ dem Klassiker“. Hier steigt Sascha ein, um uns über den Beginn seines Lebensverlaufes zu berichten. Was Sascha als „Klassiker“ bezeichnet, wird erst einige Zeilen später erkenntlich. Bevor er dies tut, erklärt er, dass er „immer“ auf eine „Anekdote“ zurückgreift, „wenn“ er „Menschen [...] tatsächlich so mal von Anfang an die Story“ erzählt. Hier lassen sich nun folgende Gedankengänge zusammenfassen: Als erstes lässt sich fragen, was ist „ein Klassiker“? Als „klassisch“ im allgemeinen sprachlichen Sinne wird etwas bezeichnet, das typische Merkmale besitzt, sich in bestimmter Weise traditionell festgelegt hat und somit als Maßstab gilt (vgl. Duden 2014). Es lässt sich also vermuten, dass ein „klassischer Anfang einer Lebensgeschichte“ bei der Geburt, dem Elternhaus und der Familie beginnen könnte. Unter Berücksichtigung der Fragestellung, die explizit die Geschlechtsidentität im Lebensverlauf hervorhebt, könnte hier aber auch angenommen werden, dass seine Lebensgeschichte bzgl. dieser Konkretisierung im Stimulus an anderen Punkten ansetzen wird. Also womöglich bei einer „Anekdote“, einer charakteristischen Begebenheit einer Person zu deren Leben. Also zweites ist der Einschub Saschas „wenn ich Menschen ehm tatsächlich so mal von Anfang an die Story erzähle“ von besonderer Bedeutung. Hier könnte davon ausgegangen werden, dass Sascha bis zum Zeitpunkt des Interviews kaum jemanden von seiner Lebensgeschichte in Hinblick auf seine Geschlechtsidentität erzählt hat. Sascha spricht von „Menschen“ allgemein als potentielle Gegenüber, nicht aber von Freund*innen, Familie oder ein engeres Umfeld. Es stellt sich die Frage, ob Sascha eventuell kein engeres soziales Umfeld besitzt, mit dem er sein Leben mit all den Besonderheiten besprechen könnte. „tatsächlich so mal“ lässt darauf schließen, dass es für ihn keine Selbstverständlichkeit ist, mit jemanden über sein Leben zu reden. Erstaunlich ist hier, dass Sascha sich selbst entschieden hatte, sich als Interviewpartner anzubieten. Es stellt sich die Frage, was seine Beweggründe hierfür sein könnten. Ein Gegenüber zu haben, der ihm zuhört? Möchte er vielleicht einen nächsten Schritt gehen und „der Welt“ sein Leben, seine Geschlechtsidentität in Form eines anonymen Interviews von ihm mitteilen? Wurde er womöglich von anderen Menschen gebeten, das Interview zu führen? Es lässt sich festhalten: Es ist etwas Besonderes für ihn, sich zu öffnen und Menschen an seinem Leben teilhaben zu lassen. Was das Besondere ist, ist noch nicht erkenntlich: Ist es vielleicht zu schwierig, zu angstbesetzt, oder vielleicht aber auch zu schön, zu geheim oder einfach nicht notwendig? Die Vermutung des „Besonderen“ wird verstärkt durch die Betitelung seiner Lebensgeschichte als „Story“. In einer Interpretationssitzung kam hier die Assoziation mit den Themenfeldern „Film – Theater – Kunst“ auf: Der „Klassiker“ einer „Story“ beginnt mit einer „Anekdote“, die nach Aussage des Biographen auch noch sehr „bezeichnend“ für denjenigen ist. Auffällig ist des Weiteren die Aussage des Biographen, dass dieser „immer“ mit einer Anekdote beginnt, „wenn“ er jemanden mal von seinem Leben erzählt. „Immer“ und „wenn“ stehen hier für die Autorin im Kontrast zueinander. Auf der einen Seite kann vermutet werden, dass der Biograph Menschen gegenüber kaum über sein Leben berichtet, weil es etwas „Besonderes“ ist, aber letztendlich wenn er es tut, anscheinend sogar schon „Anekdoten“ der eigenen Lebensgeschichte vorhanden sind, die berichtet werden können. Hier lässt sich erahnen, dass Sascha sich stark mit seinem Leben bzw. seiner Geschlechtsidentität auseinandergesetzt hat. Auch wenn er sich womöglich noch nicht oft nach außen hin mitgeteilt hat, so ist die innere Reflexion über und Beschäftigung mit sich selbst in einem Stadium, in dem er „Menschen“ sogar schon „Anekdoten“ über sein Leben erzählen könnte. In der darauf folgenden Sequenz beginnt Sascha über seine Kindheit und die erste Wahrnehmung seiner Geschlechtsidentität zu erzählen.

Kindheit

da war ich drei oder irgendwie so was also die Erinnerung ist total blur/ blurry //mmh// das is nix konkretes ehm ich war auf dem Heimweg vom Kindergarten oderso oder vielleicht war ich auch schon vier aber irgendwie in dem Alter und ehm weil ich immer so=n bisschen sag ich mal Bammel hatte auf dem Heimwech //mmh// oder wie auch immer hab ich ehm hab ich ehm (lacht etwas) so ne Art Selbstgespräch //mmh// geführt und zwar so als wäre als wäre ich der TV – Moderator //mmh// der mein eigenes Leben beschreibt so also wie in so ner Sendung jetz ehm macht sie bla bla bla und jetz geht sie die Ecke lang //mmh// und so was das war so ne Angewohnheit und da kommen wir auch schon zu dem Punkt dann stand ich da ich weiß es halt das weiß ich irgendwie noch ganz genau an der Dorfapotheke an der Abbiegung und hab mir überlegt dass ich wenn ich mit mir selber das so spreche dass sich dieses SIE jetz geht SIE um die Ecke irgendwie falsch anfühlt //mmh// und dann hab ich auf er geswitcht weil=s sich irgendwie viel besser und natürlicher angefühlt hat //mmh// und ab dann hab ich=s so gelassen also ich (lachend) (hab) so ne Weile weiter gemacht irgendwie und das hat sich irgendwann auch ausgeweitet in so kleine Fernsehsendungen mit mir selbst (lachend) //lachend// die ich halt so für mich durchgespielt hab aber ehm ich war ab dann dann halt für meine eigenen Vorstellungen wenn ich mich selbst beschrieben hab immer er und das ist so meine erste Erinnerung wie das Thema aufkam (Z. 11- 32)

Sascha kündigte im Abstract (2) an, „ganz vorne“ bei dem „Klassiker“ zu beginnen. Im ersten Teil der 3. Sequenz wird nun deutlich, dass er nicht bei seiner Geburt und Familie ansetzt, dem möglichen

„klassischen Beginn“ seines Lebens, sondern im Alter von drei/vier Jahren die „Story“ beginnt – seine ganz persönliche Story in Bezug auf seine Geschlechtsidentität. Hier könnte davon ausgegangen werden, dass Sascha mit „Klassiker“ nun die erste Wahrnehmung der Geschlechtsidentität in Erzählungen von Trans*Menschen bezeichnet, was etwas „typisches“ zu sein scheint, wenn man sich mit ihren Lebensläufen beschäftigt. Er erzählt davon, wie er auf dem Heimweg vom Kindergarten, weil er „Bammel hatte“, Selbstgespräche geführt hat. Dabei war er selbst der TV-Moderator, der sein eigenes Leben beschreibt. Obwohl die Erinnerungen einerseits „total blur/ blurry“ zu sein scheinen, weiß er es andererseits ganz genau, dass er „an der Dorfapotheke an der Abbiegung“ stand, als er sich das erste Mal als „er“ bezeichnete, weil es „sich irgendwie viel besser und natürlicher angefühlt hat“. Auch im Interview ist es das erste Mal, dass Sascha sich hier mit dem Personalpronomen „er“ benennt.

Der Sequenzabschnitt enthält Erzählungen, die mit Argumentationen und Beschreibungen unterfüttert werden. So berichtet Sascha beispielsweise von den Selbstgesprächen auf dem Heimweg vom Kindergarten, muss diese aber durch den Einschub „weil ich [...] Bammel hatte“ erläutern, weil Selbstgespräche zu führen eventuell nicht ohne weiteres plausibel ist. Die Tatsache, dass ein Kleinkind ohne Begleitung den Weg vom Kindergarten nach Hause zurücklegt und dabei gerechtfertigt auch Angst haben kann und Selbstgespräche als Art Bewältigungsstrategie dienen, wird hier versucht an der eigenen Person zu bagatellisieren. Des Weiteren kann hier wieder die Frage nach Familie oder sozialem Umfeld aufgegriffen werden, was anscheinend nicht oder kaum vorhanden zu sein scheint bzw. Sascha in seiner kindlichen Angst, den Heimweg alleine nach Hause zu laufen, nicht wahrnimmt oder sich über sein Befinden informiert.

In diesem Abschnitt kehrt ebenfalls das Themenfeld „ Film – Theater – Kunst“ wieder: Beschreibungen verdeutlichen wie Sascha als TV-

Moderator sein Leben wahrnimmt, und sich somit schon als Kind stark mit sich, seinem Leben und seiner Umwelt auseinandersetzt.

Im zweiten Teil der 3. Sequenz berichtet Sascha weiter über seine Kindheit.

> und ich find=s irgendwie total putzig und total bezeichnend weil ehm ich ja damals noch überhaupt keine Ahnung hatte was für ne Tragweite das //mmh// s/ haben könnte so und ehm das hat sich dann also dieses dieses natürliche Annehmen von irgendwas hat sich irgendwie total durchgetragen es war nie dass ich gesagt hab boar den Jungen da find ich cool und jetz möchte ich irgendwie genauso sein //mmh// oderso also s gab=s auch solche Aspekte aber viel kam eigentlich so im Spiel (lachend) mit mir selbst irgendwie dass ich dann für mich beschlossen habe ehm wenn ich irgendwie im Garten rumgespielt hab oderso och n Bart würd ja eigentlich ganz gut passen //mmh// und so also es war nich unbedingt weil ich irgendwas nacheifern wollte oder irgendwie . keine Ahnung irgend n Bild erfüllen wollte in in der Zeit //mmh// also in der Kindheitszeit zumindest sondern immer wirklich weil es einfach gepasst hat für mich //mmh// also so ne ganz natürliche Empfindung und das hab ich dann halt auch so für mich also ich hab viel auch alleine gespielt einfach weil meine Spiele alle (lachend) so=n bisschen komplex waren //lachend// und so=n bisschen innensichtig und das immer so Stories vom Ausmaß von Herr der Ringe waren //lachend// und ehm die musst ich dann alleine vollziehen weil das konnt ich einfach niemanden erklären aber da konnt ich dann natürlich auch da hat darüber hat mich dann natürlich dann keiner gefragt //mmh// und dann konnt ich dann natürlich das das weiter machen und halt verschiedene Er's sein //mmh// und verschiedene Männer und dies und jenes (Z.33 – 53)

Dieser Teilabschnitt ist vor allem durch ein bestimmtes Argumentationsmuster geprägt. Nachdem Sascha zu Beginn der 3. Sequenz seine Anekdote erzählt hat, hat er anscheinend nun das Gefühl, sich für sein Empfinden rechtfertigen zu müssen. Er erzählt, dass sich „dieses natürliche Annehmen [...] total durchgetragen“ hat, um daraufhin aber auch gleich klarzustellen, dass es ihm nie darum ging, „n Bild erfüllen [zu; hinzugefügt F.B.] wollen“. Er rechtfertigt sein „natürliches“ Verhalten und seine Empfindungen im Kindesalter mehrfach, woraufhin anzunehmen ist, dass es etwas anderes geben muss, von dem er sich versucht im Interview abzugrenzen. Eine Vermutung wäre hier, dass mit *dem anderen* spezifische Eigenschaften oder gesellschaftliche Vorurteile gegenüber Trans*Menschen gemeint sein könnten. Sascha ist anscheinend bewusst, was für Vorurteile oder stereotype Bilder in der deutschen Mehrheitsgesellschaft über Trans*Menschen existieren, bspw. „boar den Jungen da find ich cool und jetz möchte ich irgendwie genauso sein“.

Dem Biograph ist es somit wichtig zu vermitteln, dass er sich als Kind viel im Spiel mit sich selbst, also „innensichtig“, Gedanken gemacht hat und selbstständig beschlossen hat „och n Bart würd ja eigentlich ganz gut passen“. Sascha erzählt am Ende des Abschnitts, dass er auch viel alleine gespielt habe, mit der Begründung, dass seine Spiele viel zu komplex gewesen seien, um sie jemanden zu erklären. Hier tritt wieder das Themenfeld „abwesende Familie bzw. soziales Umfeld“ auf. Er fügt hinzu, dass „natürlich dann keiner gefragt“ hat und dass er somit „das weitermachen und halt verschiedene Er's sein“ konnte. Es lässt sich hier eine mögliche Erzählkette unter dem thematischen Feld „Ich werde nicht gefragt bzw. wahrgenommen, aber das ist vielleicht auch gut so“ erkennen.

Des Weiteren ist seine Wortwahl in diesem Abschnitt auffällig. So sagt er zu Beginn, dass er damals keine Ahnung gehabt hätte, was der in der Anekdote beschriebene Moment und die damit verbundene

Empfindung für eine „Tragweite" haben könnte, als auch etwas später dass seine „Stories" vom „Ausmaß von Herr der Ringe waren" mit dem Zusatz „die musst ich dann alleine vollziehen weil das konnt ich einfach niemanden erklären". Mit „Stories" sind nun die Selbstgespräche bzw. Rollenspiele in der Kindheit gemeint und nicht sein Leben wie in Sequenz 2, dennoch lässt sich eine Verbindung herstellen. So kann die Vermutung aufgestellt werden, dass die Thematik „Geschlechtsidentität" in Saschas „Story", seinem Leben, ebenfalls eine derartige Tragweite bzw. Ausmaß besitzt, dass er die Auseinandersetzung damit, ebenfalls am besten oder lieber „alleine vollziehen" *muss*, ebenfalls mit der Begründung, dass es ein so komplexer Sachverhalt ist, welcher er niemanden erklären kann. Auch die Verwendung der Worte „bezeichnend" als auch „Stories" lassen den Anschein erwecken, dass es sich wieder um etwas sehr besonderes handelt.

Das Wort „putzig" zu Beginn des Absatzes ist ebenso auffällig. So steht es im Kontrast zu Worten wie „Tragweite" oder „Ausmaß". Der Biograph bezeichnet die Anekdote bzw. seinen inneren Wahrnehmungsprozess als „er" als „putzig und total bezeichnend". Das Wort „putzig" bedeutet laut Duden entweder sehr niedlich oder aber auch seltsam, eigenartig (Duden 2014). Beide Wortbedeutungen sind hier denkbar. Einerseits könnte eine Story aus der eigenen Kindheit niedlich sein, andererseits die erste Wahrnehmung der Geschlechtsidentität als „er" im Kontrast zu anderen Biographieverläufen auch eigenartig.

Der Mitbewohner als Augenöffner

> für mich war was was das Trans Thema angeht an dem Zeitpunkt war ich finde ich sehr eingefahren in meinem Denken, wa/ wie ich zu sein habe und wie ein ein Mann für mich zu sein hat und dies und jenes und das *schlägt sich auch darin nieder dass ich*

auch versucht hab das weiter zu praktizieren sag ich mal also irgendwo is da schon ne Parallelität für mich (trinkt) und eh dadurch dass mein erster Mitbewohner ein Transmann war zum ersten Mal haben sich n paar Sachen aufgelöst in meinem Kopf sag ich mal so und ich find es immer noch sehr sehr gut auch wenn der Typ strange war (lacht etwas) ehm dass er da so n paar Denkanstöße gegeben hat an die ich jetz noch manchmal denken muss also als ich achtzehn war natürlich da denkt man dann so OAR ICH MUSS AUF JEDEN FALL HORMONE NEHMEN UND ZACK ZACK UND BLA BLA und durchstarten und so und er war halt schon dreißig und hat so gesehen noch nie irgendwas eh in Erwägung gezogen und ich glaube jetz ist er tatsächlich dabei wie alt is er jetz? fünfunddreißig oder was . hab aber kein regelmäßigen Kontakt mehr zu ihm aber er hat mmh er hatte ne sehr interessante Lebensphilosophie und Auffassung davon wie die Dinge so zu handeln sind und da wurde mir auch zum ersten Mal klar dass es eben nich eh alles entweder homo- oder heterosexuell ist und dass ehm Mann-Sein nichts mit breiten Schultern zu tun haben muss sag ich ma jetz so ganz platt runtergebrochen //ja klar// ehm also ich hab mit achtzehn auch solche Sprüche geklopft wie meine Freundin darf keine kürzeren Haare haben als ich sag ich ma so also ich war irgendwo schon ganz schön heteronormativ auch unterwegs dadurch und das hat sich dann also sag ich mal so mit dem Anfang in [B-Stadt] und bis jetz immer mehr aufgelöst . also jetz ist es bei nem Punkt wo ich das auch selber sehr viel merke und das auch richtig gut finde da war das eher so schleichende Veränderung und ich hab erst im Nachhinein gemerkt dass ehm da neue Sachen in mein Denken gerutscht sind . jetz is das quasi schon dass ich mir das pro-aktiv suche also dass ich mich auch eher mit ehm absichtlich quasi mit Themen auseinandersetze so im im Internet und w/ soweit es hier geht mit Angeboten . ehm nja das is so diese dieser

Teil irgendwie geworden sag ich jetz ma [B-Stadt] is auch irgendwie auch ein Teil würd ich sagen (trinkt) ehm (Z. 360 – 388)

Der Umzug in eine norddeutsche Großstadt stellt innerhalb Saschas Biographieverlauf den einschneidenden Wendepunkt dar. Er erzählt, dass sein Denken bis zu dem Zeitpunkt „wie ich zu sein habe und wie ein ein Mann für mich zu sein hat“ sehr eingefahren war. Ihm ist bewusst, dass hier eine Parallelität zu seinem gestörten Ess- und Sportverhalten als auch übermäßigen Alkoholkonsum liegt. Seiner Erzählung, dass sein erster Mitbewohner ein Trans*Mann war, folgen Beschreibungen aus seiner Jugendzeit, um mir als Interviewerin den Kontrast seiner früheren und jetzigen Denkweisen und Einstellungen darzustellen, und den Prozess, in dem er sich durch die Denkanstöße seines Mitbewohners befindet, glaubhaft zu machen. Er greift „klassische“ Auffassungen seines Erlebens innerhalb argumentativer Einschübe der damaligen Zeit auf, bspw. dass er dachte „OAR ICH MUSS AUF JEDEN FALL HORMONE NEHMEN UND ZACK ZACK UND BLA BLA“ oder dass seine Freundin keine kürzen Haare hätte haben dürfen als er. Sein Mitbewohner dient ihm hier als wichtiges Gegenüber und als Art Kontrastfolie, die aufzeigt, dass „nich eh alles entweder homo- oder heterosexuell ist“. Der Biograph spricht selbst von „eher so schleichende Veränderung [und] dass ehm da neue Sachen in mein Denken gerutscht sind“. Zur jetzigen Zeit suche er sogar „pro-aktiv“ die Auseinandersetzung und Diskussion.

> I: ich hab ich hab noch ne Frage zu dem Mitbewohner. Hast du den ehm bis du dann zufällig in die WG ehm gezogen und hast das dann im Nachhinein von ihm erfahren?
>
> S: nee der ehm der hatte quasi gesucht nach offenen Leuten sag ich mal //ah ja cool// und da da schon der Begriff Trans stand eh normalerweise. wer den Begriff kennt hat irgendwie auch was da-

> mit zu (lachend) tun sag ich mal so anso=nsten *schreibt man so was ja nicht rein.* genau ehm (2) ja der der war auf jeden Fall ehm=n Augenöffner irgendwo weil wir haben auch echt viele Diskussion so darüber geführt wie ich irgendwie denke wie das alles zu sein hat und er mir dann zum ersten Mal so auf also er hat zum ersten Mal solche Begriffe fallen lassen wie queer was mir bis dato auch nichts gesagt hat und es hat jetz nich ad hoc da angefangen dass ich mich damit auseinandergesetzt habe aber jetz quasi zieht sich=s immer *weiter dass ich mich damit auseinandersetze* . (Z.389 – 402)

Auf die ad-hoc-Nachfrage der Interviewerin, ob Sascha zufällig in die WG mit seinem Mitbewohner gezogen ist, entgegnet dieser, dass dies nicht so gewesen sei. Der Mitbewohner habe nach „offenen Leuten" gesucht und in der WG-Anzeige stand wohl auch „der Begriff Trans* ". Hier kann demnach die Vermutung aufgestellt werden, dass nicht nur der Mitbewohner ein Türöffner für Sascha war, sondern der Biograph sich selbst gegenüber ebenfalls. Womöglich hat er die WG-Anzeige des Mitbewohners damals zufällig entdeckt, aber sich dennoch auch hier „aktiv" um das WG-Zimmer beworben. Es kann somit ausgegangen werden, dass auch wenn Sascha sein damaliges Erleben als „eingefahren" verspürt hat, dass seine innere Auseinandersetzung mit seinem Trans*-Sein seine Handlungspläne und Entscheidungen stetig beeinflusst hat. An dieser Stelle ist auch ein thematischer Bruch zu erkennen: Sprach der Biograph zuvor oft davon, sich alleine mit seiner Trans*-Thematik auseinandersetzen zu *müssen*, so scheint es hier als ob er den Austausch mit einem Anderen durchaus genießt und sucht. Mit dem Umzug in eine andere Stadt entstanden für ihn neue Möglichkeiten und Chancen, und er befindet sich nun in einer neuen Ausgangssituation, um das Thema für sich zu entfalten. So beschreibt er bspw. wie durch den Mitbewohner erstmals Begriffe wie *queer* in seinen Sprachgebrauch eintraten, die ihm bis zu dem Zeitpunkt nicht bekannt waren.

Schlusssequenz

I: okay dann komm ich zur letzten Frage //ja// und zwar wir haben ja jetz eine gute (lacht etwas) eine Stunde und fünfzehn Minuten schon sitzen wir hier und ehm gibt es denn noch ein Thema oder einen Aspekt was jetz noch garnich ehm angesprochen wurde aber der dir persönlich irgendwie wichtig erscheint also der jetz so gesagt im Interview gar nicht rausgekommen is weil die Fragen gar nicht so gestellt wurden aber wo du halt denkst ehm das möchte ich jetz trotzdem noch mal sagen oderso

S: (2) das muss ich mal kurz nachdenken //ja// ich glaube das=n Teil davon also tatsächlich dieses dieses wann war der Punkt oderso hätt ich jetz vielleicht erwartet sag ich mal also gar nicht böse gemeint //nö// aber ehm . irgendwie bietet sich das an sag ich mal und auch bei mir bieten sich da viele Sachen an interessanterweise ich glaub deswegen hab ich das grade auch noch mal gesagt von wegen keine Entscheidung[16] . also ich selber bin ja schon auf den Trichter gekommen im Sinne von oar ja indischer Papa der wollt eigentlich natürlich n Sohn und am besten zwei und vielleicht

[16] „es hat nie Spaß gemacht weißte? es (lacht etwas) wenn Leute sagen es is alles eine eine Entscheidung dafür oderso NEIN wenn ich KÖNNTE ich wär auch dann lieber ne normale Frau oderso oder irgendwie einfach zufrieden das hab ich mir SO HÄUFIG gedacht in meiner Jugend gib mir doch irgendwas aber ich kann halt meinen Kopf schlecht ausschalten also vielleicht mit Drogen oderso aber das is ja keine Lösung ehm also das eh is einfach eh es macht keinen Spaß (lacht etwas) und ehm es is keine Entscheidung ich hatte keine Entscheidung des war irgendwie so und wo genau das herkommt alles kann ich auch noch nicht so richtig erklären“ (Z. 1124 – 1133)

gibt=s da irgendwie n Zusammenhang aber letztendlich denk ich mir so NEE also weil ich hab ihn die ersten zehn Jahre eigentlich nie gesehen der war für mich nie wichtig ich wollte ihm nie irgendwie n Gefallen tun so also das is halt nich weiß ich nich ehm . also diese diese Nicht-Entscheidung ich find halt das is bei allem darüber nachdenken für mich tatsächlich der interessanteste und schwammigste Aspekt viele Sachen kann man ja wirklich irgendwo wenn man auf Biologie und solche Sachen eh steht erklären also es gibt Leute die haben halt nachweislich mehr Testosteron und bla oder halt das sind Sozialisierungsgeschichten die hatten schon mit drei irgendwie Holz gehackt und deswegen weißte? Es gibt ja Belege aber man kommt an nem Punkt wo mans nicht mehr erklären kann irgendwann jeder für sich wahrscheinlich auch aber das is das was irgendwie spannend ist ehm . es wird vielleicht auch für immer unbegreifbar bleiben also ich weiß auch selber nich ich weiß es obwohl ich damit schon ne Weile durch die Gegend reise auf diesem Planeten ehm ich weiß es auch nicht wozu wozu ist das so und warum ist das so also . weißte? (trinkt) (Z. 1145 – 1175)

Die Schlusssequenz beginnt mit der letzten Nachfrage der Interviewerin. Diese gibt Sascha hier die Möglichkeit Themen oder Aspekte einzubringen, die im bisherigen Interviewverlauf noch nicht angesprochen wurden, die dem Biograph aber wichtig sind und wofür hier jetzt Platz wäre. Es lässt sich vermuten, dass der Biograph durch die Wortwahl „noch einmal“ die Frage anders versteht als sie intendiert war. Dass er also nicht neue Themen einbringt, sondern auf altes zurückgreift. Diese Annahme bestätigt sich in den nächsten Sätzen.

Es folgt eine Pause von ca. zwei Sekunden. Es lässt sich des Weiteren vermuten, dass – wie bei der Eingangsfrage ebenfalls – hier die Offenheit der Fragestellung für ihn Schwierigkeiten birgt, da er selbst ja entscheiden müsste, was für ein Thema er einbringen könnte, ohne danach explizit gefragt wurden zu sein. Nach einer Pause von zwei

Sekunden erklärt Sascha er müsse noch einmal kurz darüber nachdenken, nur um dann doch sofort einzusteigen. Er spricht davon, dass er schon irgendwie erwartet hätte, dass man ihn fragt „wann war der Punkt“. Es kann vermutet werden, dass mit „Punkt“ der „Ausgangspunkt“ der ersten Wahrnehmung der eigenen Geschlechtsidentität gemeint ist. Hier verknüpfen sich Eingangs – und Schlusssequenz an zwei Stellen thematisch: Die Vermutung, dass Sascha wahrscheinlich eine andere Art von Interview erwartet hat, womöglich eine Art Leitfadeninterview mit thematisch enger gefassten, expliziten Fragen auf die er „einfach“ reagieren kann, lässt sich hier bestätigen. Des weiteren lässt sich ebenso festhalten, dass der Biograph – wie bei der Eingangssequenz ebenfalls – das thematischen Feld der von ihm erzählten Anekdote in der Eingangssequenz, den „Klassiker“, wieder aufgreift: Er spricht sowohl in der ersten als auch letzten Sequenz vom „Anfang der Story“ eines Trans*Lebenslaufes. Anstatt die Offenheit der Frage als Chance zu nutzen, neue Themen oder Erfahrungen einzubringen, bleibt der Biograph bei dem was er weiß und wo er sich sicher fühlt. Seine nachfolgende Aussage „irgendwie bietet sich das an [...] bei mir bieten sich da viele Sachen an“ verstärkt die Vermutung. Sascha hat, auch wenn er wie herausgearbeitet noch nicht vielen Menschen von seinem Trans*-Sein erzählt hat, sich schon so stark mit seiner Identität und seinem Leben auseinandergesetzt und reflektiert, dass er anscheinend mehrere Anekdoten und Stories „anbieten“ kann. Die Frage aus der Auswertung der ersten Sequenz aufgreifend, was Saschas Intention für das Interview gewesen sein könnten, wird hier beantwortet: Der Biograph ist das Interview eingegangen, um sich und seine Erfahrungen, aber auch seine Reflexion direkt anzubieten. Als Beispiel für einen seiner Meinung nach „interessantesten und schwammigsten Aspekt“, den er anbieten könnte, führt er nachfolgend eine mögliche Verbindung zwischen seinem Trans*Sein und seinem stark leistungsorientierten indischen Vater auf. Dennoch lenkt er hier ein mit dem Argument „aber letztendlich denk ich mir so NEE“. Durch Betonung auf „nee“ drückt eine starke Aversion gegenüber diesen Gedankengang aus. Sascha begründet es so, dass sein Trans*-Sein für ihn nichts damit zu tun hat, dass er hätte eine „Entscheidung“ treffen können, bspw. weil er seinen Vater Gefallen wollte o.ä. Es ist für ihn vielmehr eine Nicht-Entscheidung, und er evaluiert seine Ausführungen mit „man kommt an nem Punkt wo man=s nicht mehr erklären kann irgendwann“. Sein Nachtrag „jeder für sich wahrscheinlich auch“ bricht jedoch mit dieser Aussage explizit für ihn selbst, wenn auch nur leise und generalisierend formuliert. Es lässt sich vermuten, dass Sascha in seinem Denkprozess in der Ambiguität gefangen ist, eine persönliche Erklärung für sein Trans*-Sein zu suchen oder den Punkt zu akzeptieren, dass es keine hundertprozentig eindeutige Erklärung gibt. Dies bestätigt sich ebenfalls in seinem Argument „obwohl ich damit schon ne Weile durch die Gegend reise auf diesem Planeten ehm ich weiß es auch nicht wozu ist das so und warum ist das so?“ In einem zweiten Abschnitt führt er ein Thema ein, was sich ebenfalls durch das Interview getragen hat.

> vielleicht hat mich n bisschen was heißt gewundert aber (lacht etwas) ehm man hätte wahrscheinlich auch was zu zu Beziehung fragen können? is jetz nich so richtig vorgekommen vielleicht is das aber auch einfach was was den den Rahmen sprengt (lacht etwas) bei vielen Leuten weiß ich nich das is halt auch so=n total abseitiges Thema vielleicht find ich das sogar gut überleg ich grade weil weil ein Aspekt von von ehm transsexuell sein is immer dieses sexuelle (lacht etwas) und alle Leuten denken dann ehm is hat was mit der Orientierung zu tun und das hat=s halt nun mal nicht und ich glaube deswegen ist es auch so ungreifbar für viele Leute weil ich kenne echt nich viele Transleute aber die die ich kenne waren alle so unterschiedlich dass ehm=man da überhaupt nix sagen konnte von wegen es is doch eine Gruppe oderso also nochma ganz

> anders als jetz vielleicht Menschen im im [A-Jugendtreff] oder hier vielleicht aber da weiß ich nich die sind auch alle Individuen aber da diese diese Identitätsempfindung is kann so unterschiedlich sein und dadurch halt abgeleitet alles andere ne? is vielleicht ist es gar nicht so schlecht dass der Aspekt da n bisschen fehlt . fehlt in Anführungszeichen (2) (Z. 1176 – 1192)

Auch das Thema „Sexualität“ bzw. „Beziehung“ ist ein „altbekanntes“, welches an mehreren Stellen des Interviewverlaufes an die Oberfläche tritt. Sascha greift es auf, anstatt durch die Fragestellung eröffnet ein komplett neues Thema einzubringen. Er gibt an, dass er sich gewundert habe, wieso nicht explizit danach gefragt wurde. Hier wird die Erwartung an eine konkretere Frageformulierung noch einmal deutlich. An der Sequenz lässt sich dennoch gut seine hohe Reflektionsbereitschaft erkennen, da er konkret in dem Moment sogar seine Aussagen versucht zu prüfen: „vielleicht find ich das sogar gut überleg ich grade“. Sascha befindet sich in einem ständigen Denkprozess mit und über sich selbst und sein Leben. Er begründet die Wahl des Themas, indem er verallgemeinert schildert, was er persönlich auch erfahren hat: „alle Leute denken dann ehm is hat was mit Orientierung zu tun und das hat=s halt nun nicht“. Hier lassen sich inhaltliche Verknüpfungen zu vorherigen Sequenzen herstellen, die betiteln, dass Sascha Erfahrungen gemacht hat, bei denen er von anderen Menschen als „lesbisch“ oder „asexuell“ definiert wurde, weil diese sein „So-Sein“ bzw. „Geschlechtlich-Uneindeutig-Sein“ nicht verstehen oder anders auslegen. Er nutzt die Chance der letzten Fragestellung, um noch einmal zu betonen, wie wichtig es jedoch ist zu unterscheiden zwischen sexueller Orientierung und Geschlechtsidentität, auch wenn beides Teilaspekte von Sexualität allgemein sind. Seine anschließende Begründung scheint an einigen Aspekten unplausibel, sodass sogar der Biograph selbst einige Aspekte revidieren muss. So argumentiert er, dass er zwar nicht viele „Transleute“ kenne, aber die er kenne wären alle sehr individuell gewesen: „nochma ganz anders als vielleicht Menschen im im [A-Jugendtreff]“. Hier unterstellt er zunächst, dass es bestimmte „homogene“ Gruppen gibt, in denen die Individualität der einzelnen Person innerhalb der Gruppe außer Kraft gesetzt wird, nur um diese Aussage dahingehend zu korrigieren, dass „die [auch] alle Individuen sind“. Dennoch versucht er seine Erklärung noch einmal zu untermauern und Trans*-Sein von Homosexuell-Sein abzugrenzen und das Besondere daran festzuhalten, womöglich auch um seine eigenen schmerzlichen Erfahrungen, hier allgemein formuliert, einzubringen, indem er sagt: „aber diese diese Identitätsempfindung is kann so unterschiedlich sein und dadurch halt abgeleitet alles andere ne?“. Die widersprüchlichen Aussagen lassen vermuten, dass Sexualität demnach ein durchaus wichtiges, aber auch komplexes Thema für ihn ist. Hier kann ein Bogen zur Sequenz 2 (Kindheit) gespannt werden: Sexualität ist „zu komplex“, sodass „Stories vom Ausmaß“ lieber nicht erklärt werden, somit werden diese vom Biographen „dann alleine voll[zogen] weil das konnt [er] einfach niemanden erklären aber da konnt [er] dann natürlich auch da hat darüber hat [ihn] dann natürlich dann keiner gefragt“. Die Verantwortung wird an ein Gegenüber, hier der Interviewerin, abgegeben. Da diese ihn nicht explizit zum Themenkomplex „Sexualität“ / „Beziehung“ fragt, erklärt Sascha diesen auch nicht ausführlicher, und schließt mit der Erklärung „vielleicht ist es gar nicht so schlecht dass der Aspekt da=n bisschen fehlt. fehlt in Anführungszeichen“. Hier wird wieder seine Argumentationsstruktur deutlich. Die leisere Betonung der letzten Worte bestätigt die Vermutung, dass die thematische Präsenz des Thema nicht unbedingt „fehlt“ und dies dem Biographen auch bewusst ist, sondern dass die weitere und somit komplexere Ausführung bei der Initiative und Eigenverantwortung des Biographen selbst liegt, die er nicht aufbringen möchte, und er das

Thema somit abschließt. Es folgt eine Pause von zwei Sekunden, die das Ende ebenfalls unterstreicht.

ehm ich denk nochma kurz nach //ja// (13) ne ich glaube is hat glaub ich auch (lachend) jetz so ich weiß ja nicht wie andere Menschen erzählen aber was ich erzählt hab (war) glaub ich schon=n ganz guten Überblick über den Verlauf bei mir so (lacht) ehm gegeben also es hat augenscheinlich ja hingehauen von der Fragestellung her dass es da irgendwie reingepasst hat . mir würde auch jetz bei meiner eigenen Geschichte kein Aspekt einfallen den ich jetz voll ausgeklammert hätte

I: genau es geht es geht jetz sogesagt och auch darum ob dir was einfällt und nicht um es passend zu machen oderso weißte? also wenn dir noch was wichtig is ehm hier wo du das Gefühl hast das eh möchte ich irgendwie noch ausführen also zum Beispiel wenn dir jetz dieser Aspekt wichtig ist mit der Beziehung dann hat der jetz hier Platz so gesagt also es is genau es gibt Raum dafür

S: nja mir is es nich unbedingt wichtig dass wär halt vielleicht auch noch eine Komponente wo man das irgendwie durchmerkt sag ich mal und wo sich dann auch irgendwie vielleicht auch Trans-Sein noch mal stark von von Homosexuell-Sein unterscheidet einfach diese ganze körperliche Schiene und ehm bei mir zum Beispiel nackt sein und eh keine Ahnung mmh s auch nicht so richtig empfinden können das is echt krass eigentlich wie der Kopf so den Rest vom Körper beeinflussen kann . also das is halt=n Aspekt der dazu gehört find ich und der irgendwie also n irgendwie gehört er dazu und man kann ihn nj/ nie so richtig auserzählen weil man immer so das Gefühl hat man hat jetz hier too much information (lachend) (geplaced) so kann ich auch verstehen (5) joar aber passt schon

I: okay dann vielen Dank erstmal (Z. 1192 – 1217)

Nachdem Sascha das Interview mit „schon=n ganz guten Überblick über den Verlauf bei mir so (lacht) ehm gegeben" evaluiert und durch das lockere Lachen seine Zufriedenheit mit seinen Ausführungen ausdrücken könnte, stellt die Interviewerin noch einmal durch Nachfragen sicher, ob die Frage richtig verstanden wurde. Sie bietet Sascha an, bspw. den Aspekt „Beziehung" weiter auszuführen. Der Biograph negiert und bagatellisiert seine vorherig starke Gewichtung der Thematik, indem er entgegnet: „nja mir is es nich unbedingt wichtig". Dennoch geht er im Anschluss an dieser Aussage detailliert auf Aspekte der Thematik „Sexualität" ein. Dies könnte so interpretiert werden, dass er verschiedene Teilaspekte des Sachverhalts „anbieten" möchte, auch im Sinne von „die sich auch bei mir anbieten", aber wieder auf eine explizite Fragestellung von Seitens der Interviewerin wartet. Er eröffnet neue inhaltliche Teilthematiken wie „nackt sein" und „Körperlichkeit", die er kurz anreißt, aber auf die er jedoch nicht weiter eingeht. Auch hier fehlt es wieder an Eigeninitiative des Biographen. Er endet mit dem Argument, man hätte „immer so das Gefühl [...] man hat jetz hier too much information (lachend) (geplaced) so kann ich schon verstehen" woraufhin fünf Sekunden Pause folgen, und der abschließenden, leisen Erklärung „joar aber passt schon". Das Interview wird von Seiten des Interviewten mit dem „Gefühl" und der Unsicherheit, welche durch das Lachen und die leise Betonung symbolisiert sein könnte, beendet, vielleicht zuviel zu erzählen, womöglich auch zuviel oder zu komplex erzählt zu haben, als auch noch einmal die Rückmeldung an die Interviewerin zu geben, dass er die Auswahl der Themen „auch" nachvollziehen kann und es „passt". Aus dem Feldprotokoll ist ersichtlich, dass der Abschluss der Interviewsituation als angenehmer Ausklang im Gespräch erfolgte, aber doch den Anschein lässt, dass Sascha nicht die Themen ausführlich eingebracht hat, die er sich womöglich im Vorfeld überlegt hatte bzw. die ihm persönlich am wichtigsten waren, worüber er eventuell auch im Laufe seines Lebens am meisten nachgedacht hat.

Biographische Gesamtformung

In der strukturellen inhaltlichen Beschreibung sind bereits Strukturen augenfällig geworden, die bei Sascha grundlegenden Charakter zu haben scheinen. Diese Strukturaussagen werden nun systematisch zueinander in Beziehung gesetzt, und die biographische Gesamtformung unter Rückgriff auf die Fragestellung dieser Arbeit herausgearbeitet, das heisst dominante Subjektbildungsprozessstrukturen einzelner Lebensabschnitte bis zur Gegenwart werden betrachtet. Dabei dienen die Theorie transformatorischer (Subjekt)Bildungsprozesse und die Subjektivationstheorie, die in Kapitel 4 vorgestellt wurden, als „theoretische Brille", die „bei der Auswertung der Interviews „dem Erhöhen der theoretischen Sensibilität bzw. dazu [dient], „unser Denken über die untersuchten Phänomene zu öffnen" (vgl. Strauss/Corbin 1996:56" (Kleiner 2013:7).

Die biographische Entwicklung von Sascha ist zu Beginn seines Lebens durch das institutionelle Ablaufmuster dominiert. Saschas Familie wohnt in einer ländlichen Region Nahe einer Großstadt, besitzt ein Haus, einen Garten, fährt in den Urlaub, seine Eltern sind beide berufstätig und er hat eine ältere Schwester. Er geht in den Kindergarten und später zur Schule und macht sein Abitur. Ausgangspunkt seiner Subjektbildungsprozesse ist also ein „klassisches" heteronormatives Familienbild: Mutter, Vater, Kind(er). Sascha strebt innerhalb dieser Rahmenbedingungen schon als Kleinkind seine subjektive Entfaltung an. So ist seine Kindheit geprägt durch „innensichtige" Rollenspiele mit sich selbst, in denen er seine Geschlechtsidentität das erste Mal wahrnimmt, aber nicht als Konflikt erlebt, und im Spiel verschiedene „Er's" ausprobiert und sein kann ohne das sein soziales Umfeld dies bemerkt.

Die Biographische Gesamtformung geht mit Beginn der Adoleszenz über in eine Fallkurve. Körperliche Veränderungen aufgrund der eintretenden weiblichen Pubertät und heteronormative Rollenerwartungen seines familiären und sozialen Umfelds führen zu ersten Abneigungen sich selbst gegenüber, da er merkt, dass er die Erwartungen und Ansprüche seines Umfeldes, welches ihn als Mädchen wahrnimmt, nicht erfüllen kann und will. In diesem Lebensabschnitt versucht der Biograph vor allem sein subjektives Empfinden als auch das Andere und die Welt zu verstehen. Sascha setzt sich stark mit Rollenbildern im Freund_innenkreis auseinander, beobachtet sich selbst als auch andere, vor allem in der Schule, viel. Innerhalb seiner eigenen Denkprozesse, die Heterosexualität und Zweigeschlechtlichkeit als Norm verankert haben, kommt er zu der Erkenntnis, dass wenn er für sich selbst ein Junge/Mann ist, er dann „natürlicherweise" auch Mädchen/Frauen gut finden müsste. Äußere Definitionszwänge führen dazu, dass sein Umfeld ihn aufgrund seiner Beziehung zu einem Mädchen als „lesbisch" benennt. Seine Familie gibt ihm des Weiteren das Gefühl „asexuell" zu sein, denn sie thematisiert seine „(homo)sexuelle Orientierung" nicht. Er versucht sich von diesen Fremddefinitionen zu distanzieren, was ihm nicht gelingt. Sascha offenbart sich als Trans* nicht nach außen hin, aber erwartet von anderen, dass sie ihn fragen bzw. sich für sein Leben interessieren. Selbst die Initiative ergreift er aufgrund schlechter Erfahrungen im Elternhaus bzgl. der Offenbarung seiner ersten Beziehung zu einem Mädchen nicht.

Den absoluten Tiefpunkt der Fallkurve stellt sein ess- und sportsüchtiges Verhalten dar. Der Biograph befindet sich in einer Krise und versucht mit radikalen Maßnahmen unaufhaltsame körperliche Veränderungen zu beeinflussen und die Verweiblichung seines Körpers so gut wie möglich zu stoppen. Natürlich sollte dieses Verhalten durchaus kritisch gesehen werden, letztendlich ermöglichte sie dem Biographen aber über einen Zeitraum hinweg sich selbst bis zu einem gewissen Grad „zu bilden“ und sein Selbst seinen eigenen Vorstellungen anzupassen. Die Zeit bis zum Abitur ist „eine dunklere Zeit der Auseinandersetzung“, in der Sascha sich sowohl in Therapie befindet als auch „Selbsttherapie“ betreibt, um sich aus seinem „Essenszeug“ herauszuarbeiten. Seine Familie, Partnerschaft und Freund_innenkreis stellen zu dem Zeitpunkt keine Ressourcen dar, die den Biographen in seinem Selbstbildungsprozess unterstützen.

Sascha befindet sich auch nach Umzug in eine neue Stadt weiterhin in diesem Tiefpunkt. Er kämpft noch immer darum, seine Ess- und Sportverhalten in den Griff zu bekommen. Sascha ist frustriert und fühlt sich alleine, was zur Folge hat, dass er zur der Zeit sehr viel Alkohol trinkt.

Der Wendepunkt in Saschas Leben, der bewirkt, dass die biographische Fallkurve in einen Wandlungsprozess übergeht, ist der Moment, in dem Sascha die Zusage erhält, in eine WG zu ziehen, in der sein Mitbewohner ein Trans*Mann ist. Der Fakt, dass Sascha sich bewusst entschlossen hat, sich für das WG-Zimmer zu bewerben, lässt erahnen, dass er darin eine Ressource und Chance gesehen hat, sich nicht mehr alleine mit seinem Trans*-Sein auseinanderzusetzen, sondern ein Gegenüber zu haben „abseits“ heterosexueller und zweigeschlechtlicher Eindeutigkeit. Der Mitbewohner ist für Sascha ein „Augenöffner“ und der Biograph erlebt das erste Mal die Möglichkeit, sich über seine Ansichten, Rollenvorstellungen und eigene Identität auszutauschen. Neue Bilder von Weiblichkeit und Männlichkeit minimieren Saschas Gefühl, sich anpassen zu müssen. Sascha setzt sich mit Begriffen und Definitionen wie bspw. *queer* auseinander, die eigene Haltungen und Einstellungen, wie ein Mann oder eine Frau zu sein haben, allmählich auflösen. Zu der Zeit beginnt Sascha auch Treffs und Gruppen innerhalb der lgbt* zu besuchen, aber stößt hier oft auf stereotype

Rollenbilder und Fremdzuschreibungen, die ihn frustrieren. Erfreulicherweise lernt er dort dennoch einige Menschen kennen, die er nun zu seinem engeren Freund_innenkreis zählt, aber die er außerhalb pädagogischer Räume trifft.

Seine aktuelle Lebensphase ist von diesem Wandlungsprozess geprägt. Sascha ist nur vor einigen sehr guten Freund_innen geoutet, bei der Familie oder bspw. auf der Arbeit noch nicht. Er sucht pro-aktiv die Auseinandersetzung mit Sich selbst als auch Anderen gegenüber und der Welt, in die er lebt. Durch sein hohes Reflektionsvermögen stößt er nun öfter an Grenzen, bspw. wenn heteronormative Clichés innerhalb seiner Arbeit in der Werbebranche reproduziert werden. Der Biograph macht sich des Weiteren Gedanken darüber, wie bspw. der Umgang zwischen ihm und cis-Männern gestaltet werden kann, da er auch dort vermutet, dass seine „männliche Position" im Geschlechterverhältnis durch seine Erfahrung als Trans*Person eine „andere" sein wird als bei „normalen" Männern. Es ist hier deutlich zu erkennen, in was für starken Selbstbildungsprozessen sich der Biograph befindet. Grundlegende Gedanken zum Selbst- und Weltverhältnis werden von Sascha seit Kindheit an ständig analysiert, verglichen und transformiert.

Der Wandlungsprozess der aktuellen Lebensphase wird an einigen Punkten durch das biographische Handlungsschema abgelöst. Es lässt sich dennoch nicht eindeutig sagen, ob dieses sich auch auf das Thema „Trans*" verfolgen lässt. So ist Saschas Leben im Moment zumindest immer mehr durch die Auswirkungen eigener Handlungspläne beeinflusst, die neue Entwicklungen und Möglichkeiten realisierbar machen. Durch die bewusste Entscheidung und Erfahrung bspw. Bharatanatyam zu tanzen, erfährt der Biograph neue Aspekte seiner Geschlechtsidentität, und kommt darüber hinaus ebenfalls mit seiner Familiengeschichte in Berührung. Die Überlegung in Zukunft ein Studium zu beginnen und den Arbeitsplatz zu verlassen sind ebenfalls mögliche Handlungspläne, die es zu realisieren gilt. Als Mann auch in der Gesellschaft anerkannt zu leben, zählt ebenfalls dazu. Wann und wie dieser Schritt gegangen wird, steht jedoch noch nicht fest. Sascha weiß jedoch, dass dies eine zukünftige Auseinandersetzung darstellt, die er früher oder später nicht mehr aus dem Weg gehen kann.

Die aktuelle Lebensphase zwischen „Wandlungsprozess" und „biographisches Handlungsschema" ist eine Zeit der „Aufbruchsstimmung", die wiederum neue transformatorische Selbstbildungsprozesse mit sich bringt.

Biographische Selbstrepräsentation

Sascha berichtet in erster Linie nicht über das Aufwachsen innerhalb einer Familie, die vom klassischen Leistungsdenken des Vaters bestimmt wurde, sondern präsentiert seine Lebensgeschichte unter zwei thematischen Feldern: „Ich war in meiner Geschlechtsidentität eigentlich schon immer so wie ich jetzt bin, aber solange niemand danach fragt erzähl ich niemanden von mir. Außerdem habe ich meine Geschlechtsidentität ganz alleine entwickelt ohne die Hilfe von anderen und das ist auch gut so." Die Aussagen des Biographen verweisen auf eine stark egozentrische Auseinandersetzung mit seiner Geschlechtsidentität. Es bedeutet nicht, dass Sascha sich nicht mit Anderen oder der Welt auseinandergesetzt hat, aber dies geschieht fast ausschließlich „innensichtig". Selten benennt er Menschen, die ihn auf seinem Weg unterstützen. Dies wird durch die Tatsache bekräftigt, dass er sich lange Zeit niemanden mit seinen Gefühlen anvertraut hat. Weder der zehn Jahre älteren Schwester, die er so bewundert und zu der er ein gutes Verhältnis besitzt, noch innerhalb seiner Therapiestunden während der Jugendzeit thematisiert er sein Trans*-Sein. Fremddefinitionen wie „lesbisch" oder „asexuell" frustrieren ihn sehr, aber seinem sozialen Umfeld aus Eigeninitiative mitzuteilen, wie er empfindet, geschieht ebenfalls nicht. Sascha spricht darüber, dass er vor allem in der Jugendzeit auf die Bestätigung durch andere, vor allem seiner Partnerin, angewiesen war. Er ist sich jetzt aber auch bewusst, dass es sehr schwer ist ihn rückzubestätigen. Diese eigene Wahrnehmung und Deutung kann bestätigt werden, wenn man sich noch einmal vor Augen führt, dass sein Selbstbildungsprozess fast ausschließlich „innensichtig" ablief.

Der Biograph spricht intensiv davon, wie er sich vor allem durch „Selbsttherapie" durch sein Leben manövriert hat, und dass viele seiner Denkprozesse „so ne Art Selbstrealisierungsding" waren und er versucht hat, sich „selbst rauszuarbeiten", auch wenn es „schon n langer Prozess und grade im Mentalen" war. Er reflektiert während des Interviews darüber, dass er „mit achtzehn auch solche Sprüche geklopft [hat] wie meine Freundin darf keine kürzeren Haare haben" und benennt sich selbst und sein damaliges Verhalten als „ganz schön heteronormativ". Hier ist zu erkennen, dass Sascha seinen Lebensverlauf ebenfalls als „Selbstbildungsprozess" wahrnimmt. Aktuell kann er sagen, dass durch die Auseinandersetzung mit vor allem seinem ehemaligen WG-Mitbewohner „so schleichende Veränderungen" in sein Leben rutschten. Neben seinen eigenen „Leistungen" in der Auseinandersetzung mit sich selbst, markiert er hier zum ersten Mal in einigen Sätzen ein positives Gegenüber im Reflexionsprozess: sein Mitbewohner als Augenöffner, und ist sich der Bedeutung dieses Lebenspunktes bewusst. Der Mitbewohner dient als Art Spiegel, in dem Sascha zum ersten Mal sein eigenes Selbstbild vergleichen kann, nur um dann kurze Zeit später seine Entwicklung als „self-made" zu bezeichnen. Trans*-Sein gewinnt für ihn ab diesem Wendepunkt eine neue Bedeutung. Er präsentiert sich als „Art Bindeglied zwischen den ach so fernen Welten der Männlichkeit und Weiblichkeit", und betont stark er kenne halt nun beide Seiten bzw. muss/te noch die jeweils andere kennenlernen. Im Interview wird deutlich, wenn er sich eines Tages dazu entschließt, als Mann geoutet und anerkannt zu leben, dann unter der Bedingung: „vor allem auch die Art von Mann die ICH sein will“. Der Biograph definiert sich als etwas zwischen den Sphären, um durch Irritation und Provokation die Entwicklung und (Selbst)Bildung von Anderen und der Welt zu ermöglichen. Er nutzt die Provokation, die er in seinem sozialen Umfeld auflöst, um seine eigene Frage „was bist du dann quasi auch nach außen hin?“ aufzunehmen und sich auszuprobieren. Des Weiteren spricht er über den Ursprung seines So-Seins und sieht den Grund einerseits in der Möglichkeit, „gesannt“ worden zu sein, andererseits „zum Teil [in] Sozialisierung zum Teil wahrscheinlich einfach [in seinem] Charakter“. Er erzählt davon, dass er womöglich auf diesem „Planeten“ ist, um „irgendwie diese Denkprozesse zu erleben um halt auch Leute denen [er] halt immer begegne[t] an diesen Denkprozessen teilhaben zu lassen“. Er sieht sich als Art Offenbarer, Vorbild, Rollenmodel.

In den Sequenzen über die Familie wird des Weiteren deutlich, dass er weder wirklich von sich und seinem Leben erzählen will, aber dennoch empört und frustriert darüber ist, wenn Menschen ihn nicht fragen oder „mitdenken“. Er erwartet, dass Menschen, vor allem seine Familie als auch Verwandtschaft, Fragen über ihn und sein Leben stellen, aber schafft es selbst nicht seine Partnerin bspw. bei einem Besuch vorzustellen.

Der Biograph präsentiert sich in seiner aktuellen Lebensphase als zufrieden und sieht seine Erfahrung als „Lernprozess“. Er habe gelernt „zu sagen ich bin halt einfach so“. Einerseits ermöglicht es Sascha eine gewisse Auszeit nach der „dunkleren Zeit der Auseinandersetzung“, anderseits weiß er, dass Trans*-Sein ein Thema ist, was er „weit untern Tisch fallen“ lässt, und wofür er Energie brauch, die er im Moment nicht hat.

Sascha sieht sich als anspruchsvoller Mensch, der vor allem viel von sich erwartet, auch wenn er versucht in der Masse der Gesellschaft „irgendwie eigentlich immer [...] so=n bisschen unterzugehen“. Er vergleicht sich mit einer Figur „wie in so=nem Fati Akin Film[17]“, der sich langsam seiner Identität, sowohl Geschlechtsidentität als auch in Bezug auf seinen Migrationshintergrund“ annähert.

Zusammenfassend kann festgehalten werden, dass der Biograph nach einer langen Zeit der Auseinandersetzung nun auch bereit ist, der Welt an seinen Denkprozessen teilhaben zu lassen. Seine Erfahrungen sollen anderen zu Gute kommen. Er präsentiert sich als „self-made“ Rollenmodell und Vorbild für andere, und ist stolz auf seinen Subjektbildungsprozess, den er „fast“ im Alleingang durchlaufen hat.

[17] deutsch-türkischer Drehbuchautor und Regisseur

6.2. Falldarstellung „Lisa“

Lisa ist zum Zeitpunkt des Interviews 20 Jahre alt. Sie wurde 1993 geboren und wuchs in einer Kleinstadt im Südwesten Deutschlands auf bevor sie mit ihrer Mutter in eine norddeutsche Großstadt zog. Aus dem Interview geht hervor, dass sie eine Mutter, einen Bruder und Großvater hat. Aus dem Kurzfragebogen wird ersichtlich, dass sie ebenfalls noch einen Stiefvater hat. Ihre Mutter ist Fotografin und ihr Stiefvater ist Manager.

Lisa besuchte die Schule und schloss diese mit dem Abitur ab. Nach dem Schulabschluss lebt sie weiterhin in der Großstadt in Norddeutschland und begann eine Ausbildung als Friseurin, die sie aber aufgrund psychischer Belastungen nicht beenden konnte. Nach Ausbildungsabbruch jobbte sie in einer Bäckerei. Nachdem Sie im April 2012 einen Therapieplatz im B-Klinikum erhalten hat, stabilisierte sich ihre Lage und sie machte ein Praktikum bei Mac Cosmetics. Sie entscheidet sich die Hormontherapie zu beginnen, und lebt seitdem auch im Alltag als Frau. Lisa beginnt Soziologie im Hauptfach und Psychologie im Nebenfach zu studieren, und jobbt derzeit neben dem Studium in der Marktforschung in einem Call Center. Zum Zeitpunkt des Interviews wohnt sie in einer WG und befindet er sich in keiner festen Beziehung.

Rekonstruktion der Fallgeschichte

Formale Textanalyse

Sequenz (Nummer)	Lokalisierung im Text (Zeile)	Inhalt (Kurzbeschreibung)
(1)	2 - 17	Erzählstimulus
(2)	17 – 23	Schwierigkeiten bei der Jobsuche
(3)	23 – 32	Schulzeit und Jugendtreff - Mobbing, Exklusionserfahrung
(4)	32 – 53	Ausbildung zur Friseurin: erste Auseinandersetzung mit eigener Geschlechtsidentität
(5)	53 - 64	Hausärztin: Verdachtsdiagnose Trans*
(6)	64 – 71	Mobbing auf der Arbeit: „hab ich halt versucht (dann) immer noch dieses Androgyne n bisschen aufrecht zu erhalten" (Z.69f.)
(7)	71 - 94	Nervenzusammenbruch: Therapieversuch/-abbruch und Ausbildungsverlust
(8)	94 - 108	Diskriminierungserfahrung bei Berufsberatung auf dem Arbeitsamt: „Schublade schwuler Mann" (Z.98)
(9)	108 – 142	April 2012 Therapieplatz im B-Klinikum – Diagnose Trans*: „eigentlich auch noch nicht so richtig feststand mit welchem Ziel" (Z. 120f.)
(10)	142 - 158	Diskriminierungserfahrung bei dem

		Nebenjob in einer Bäckerei
(11)	158 – 175	Alltag: Beginn wöchentlicher Therapiesitzungen zur „Selbstfindung“, Praktikum bei „Mac“
(12)	175 - 189	Entdeckung von Theoretiker*innnen: Butler/Bornstein, Beschluss Hormontherapie zu beginnen
(13)	189 – 203	Auseinandersetzung mit „Exklusionsmechanismus der Sprache“, Geschlechterrollen
(14)	203 - 225	Soziologie- und Psychologiestudium
(15)	225 - 234	Momentane Lebenssituation: Transition, Hormontherapie
(16)	234 - 258	Lebenssituation 2013: „möglichst stealth leben“, Stimmtherapie, „hab dann aber [...] gemerkt dass ich einfach kei/ kein Bock hab Leute [...] anzulügen (Z. 245f.)
(17)	258 - 266	Diskriminierungserfahrungen beim Nebenjob im Call Center
(18)	266 - 278	Umgang mit dem sozialen Umfeld/Gesellschaft: „wenn du lachen möchtest dann lach doch“ (Z. 269)
(19)	278 - 335	Vor- und Nachteile als auch Auswirkungen der Hormontherapie
(20)	336 - 381	<u>1. Nachfrage (Kindheit/Jugend):</u> „hab ich mich nicht soviel mit Geschlecht auseinandergesetzt“ (Z.341f.)
(21)	381 - 397	Jugendtreff: Erster Kontakt mit dem Wort/Thema „Transsexualität“
(22)	398 - 449	<u>2. Nachfrage (Aktuelle Lebenssitua-</u>

		tion): Hormontherapie, mögliche körperliche Eingriffe, Auseinandersetzung mit Krankenkasse
(23)	449 - 468	Thema „Männer“: „für die is schwul n Schimpfwort und ne Vollkatastrophe“
(24)	468 - 499	Trans* als Vollzeitjob: „viele können als Trans nicht in der Gesellschaft ankommen [und] ich hab da jetzt quasi den Luxus (Z. 479f.)“
(25)	499 - 545	„Monster Transsexuell“ erschwert Erkenntnisprozess
(26)	546 - 594	3. Nachfrage (Freizeit): „unspektakuläres Leben“ (Z.560) – WG-Leben, Kino, Freunde treffen, lesen, Sport, vegane Ernährung
(27)	594 - 643	Umgang mit „Sprachbarrieren“ bei der Arbeit, Auseinandersetzung mit körperlichen Eingriffen
(28)	644 – 713	4. Nachfrage (Zukunftsvorstellungen): Studium abschließen, körperliche Gesundheit/Ausgeglichenheit trotz Hormontherapie, Wunsch: Psychologie-Studium, Therapeut*innenausbildung,
(29)	714 - 748	„keine Ahnung was ich tue [...] ich mein durch mit dem Thema Trans ist man nie“ (Z.717f.)
(30)	748 - 772	Thema „Männer“: „ich seh=s aber nicht mehr ein da jetzt [...] Aufklärungsarbeit zu leisten“ (Z.670f)
(31)	773 - 823	5. Nachfrage (Bedeutungsvolle Aspekte aus dem gerade Erzählten): Auf-

		klärung in der Gesellschaft, Öffnung der Sprache, gute medizinische Versorgung
(32)	824 - 828	PAUSE (ca. 5 Minuten)
(33)	829 - 843	6. Nachfrage (Möglichkeit ein noch nicht angesprochenes Thema einzubringen): „wichtige Sachen denk ich habe ich alle schon so gesagt“ (Z.840f.)

Inhaltlich-Strukturelle Textanalyse

Zusammenfassung

Lisas Interview beginnt damit, dass sie in allgemeiner und argumentierender Art und Weise davon berichtet, dass es für Trans*Menschen sehr schwierig sei, eine Arbeit zu finden. Hier eröffnet die Biographin gleich zu Beginn ein thematisches Feld, welches in vielen Sequenzen immer wieder auftreten wird. Sie lenkt kurz ein, dass es für sie durch die Vornamens- und Personenstandsänderung aber schon leichter geworden ist, einen Job zu bekommen. Lisa erzählt ebenfalls nur sehr kurz darüber, wie es bei ihr mit „dem Auftreten“ in der Schule angefangen hat, und dass andere Jugendliche ihr in der Schule als auch in dem lesbisch-schwulen Jugendtreff, den sie zu dem Zeitpunkt besucht hat, viel mit Exklusion und Mobbing begegnet sind. Die Biographin erzählt, dass für sie ihre „Geschlechtsidentität so in dem Alter noch nicht wirklich feststand“ und sie sich deshalb auch für die Ausbildung zur Friseurin entschlossen hat, „weil ich halt damals da n noch das Gefühl hatte dass man da geschlechtlich noch n bisschen mehr varii/ variieren kann“. Als Lisa aufgrund ihrer Geschlechtsidentität, welche sie damals als „femininen Mann“ bezeichnet, der sich bspw. auch schminkt, im Ausbildungsbetrieb Schwierigkeiten erfährt, fühlt sie sich das „erste Mal [...] gezwungen [sich] mit [ihrer] Geschlechtsidentität eben wirklich auseinanderzusetzen". Sie wechselt die Ausbildungsstelle und hat im neuen Salon die Möglichkeit das feminine Auftreten als Mann auch auszuleben. Eine Pause markiert einen thematischen Wechsel ihrer Ausführungen und sie erzählt danach davon, dass ihre Hausärztin ihr den „Tipp mit der Transidentiät" gegeben und sie mit der „F64 Verdachtsdiagnose" nach Hause geschickt hat, nachdem Lisa diese aufgesucht hatte, weil es ihr „scheiße" ging. Lisa beschäftigt sich mit ihrer Verdachtsdiagnose und erzählt: „klingt jetz zwar scheiße aber dann denkste an die ganzen Menschen die du (lautes Geräusch) quasi in den Selbsthilfegruppen [...] siehst und also vor allem die älteren Transpersonen (atmet) [...] und du denkst dann nur schon so mmh ja irgendwie ja nich so". Nachdem Lisa ihrer damaligen Chefin von ihrem Arztbesuch erzählt hat, wird sie von dieser ausgelacht, woraufhin Lisa entscheidet „dieses Androgyne n bisschen aufrecht zu erhalten". Diese Entscheidung endet in einem Nervenzusammenbruch, woraufhin Lisa eine Therapie beginnt, die sie nach einer Sitzung abbricht. Durch den Nervenzusammenbruch verliert sie ihre Ausbildungsstelle. Dieser Zeitraum sticht als ein Tiefpunkt des bisherigen Lebenslaufes der Biographin raus. Auf dem Arbeitsamt wird Lisa aufgrund ihres uneindeutigen Auftretens diskriminiert. So entgegnet ihr die Frau bei der Berufsberatung, sie könne Lisa „kaufmännische Berufe empfehlen aber wie gesagt halt kaufMÄNNISCH" und dass sie sich dann schon „wieder so=n bisschen sich angleichen" müsste. Lisa berichtet wie sie von der Situation überfordert ist und auch überhaupt nicht mehr genau wusste, was sie eigentlich will.

An dieser Stelle erzählt die Biographin das erste Mal von einem Familienmitglied, ihrer Mutter, die sie zu dem Zeitpunkt dann ins A-Klinikum brachte, woraufhin sie nach drei Monaten, im April 2012, einen Therapieplatz zur Selbstfindung erhält. Sie erklärt, dass „eigentlich auch noch nicht so wirklich feststand mit welchem Ziel". Ihre Ausführungen im Interview sind an dieser Stelle überwiegend Argumentationen und Beschreibungen, die allgemeine stereotype Darstellungen und Vorurteile gegenüber Trans*Menschen benennen, die die Biographin reflexiv als eigene Ängste anerkennt. Sie erklärt, wieso sie die Diagnose „Transsexuell" für sich ablehnte, aber zu dem Zeitpunkt auch nicht wusste, „was ich quasi für mich als Diagnose nehmen soll". Lisa fühlt sich auf ihrem Weg aber durch ihren Therapeuten gut begleitet.

Die nachfolgende Sequenz thematisiert weitere Diskrimierungserfahrungen im Nebenjob und in ihrem Alltag. Sie arbeitet als Verkäuferin bei einem Bäcker, hat wöchentliche Therapiesitzungen, lebt zu der Zeit als „androgyner Mann" und beginnt ein Praktikum bei Mac Cosmetics. Zu dieser Zeit beginnt Lisa sich „mehr mit mit diesem Thema gender und Geschlecht und so weiter zu beschäftigen". Sie erzählt, wie sie über Theoretiker*innen wie Judith Butler oder Kate Bornstein stolpert, und sich dann entschließt die Hormontherapie zu beginnen, „um ehm . ja biologisch gesehen das kleinere Übel zu wählen", mit der Begründung, dass es für sie „quasi angenehmer [ist] in Anführungszeichen als Frau aufzutreten". Die Entscheidung zur Hormontherapie markiert einen Wendepunkt in Lisas Biographie, den sie selbst bewusst herbeiführt. Hier eröffnet Lisa das thematische Feld „Körperliche Maßnahmen und Veränderungen", welches im weiteren Interviewverlauf neben dem Thema „Beruf" die meiste Gewichtung erhält.

In der nächsten Sequenz greift sie in argumentativer Art und Weise das Thema „Geschlecht und Sprache" auf, und geht auf deren Exklusionsmechanismus ein.

Die Biographin beschreibt ausführlich ihre aktuelle Lebenssituation, und erzählt wie sie am Anfang ihrer Transition[18] möglichst „stealth“ leben wollte, d.h. ihrem Umfeld so wenig wie möglich zu sagen, dass sie trans* ist. Dafür begann sie sogar eine Stimmtherapie. Diese Einstellung stealth zu leben wandelte sich aber mit der Zeit, da sie für sich erkannt hatte, dass sie „einfach kei/ kein Bock [hatte] Leute die [sie] näher kennenlerne oder die mich noch nicht kennen einfach so erstmal anzulügen“. Für sie ist zwar klar „ich bin ne Frau ich leb als Frau“, aber sie will „so=n wichtigen Identitätsstiftenden Punkt einfach [nicht] verst/ zu verschweigen“.

In einer nächsten Passage erzählt die Biographin kurz über ihre Diskriminierungserfahrungen in dem Call Center, in dem sie arbeitet, als auch über ihren Umgang damit: „ich hab=s mittlerweile ein Weg mich so weit von der Gesellschaft auszugrenzen dass ich (lacht) dass ich eig/ dass ich da wirklich schon stehe und mir so sage nö muss ich jetz nicht pff wenn du lachen möchtest dann lach doch ich hab jetz keine ich hab jetz grad keine Lust mitzulachen oder mich zu mich zu streiten“. Ein selbstbewusstes Auftreten gelingt ihr, seitdem sie die Hormontherapie begonnen hat. Es folgen ausführliche Erklärungen und Beschreibungen über die Vor- und Nachteile als auch Auswirkungen ihrer Hormontherapie, bspw. dass sie sich manchmal sehr energielos fühlt, und sich wünschte, sie würde diese „zweite“ Pubertät in einer Phase erleben, in der ihre Mitmenschen diese ebenfalls durchlaufen, da ihr Umfeld oft wenig Verständnis für ihre unterschiedlichen Tagesformen aufbringt.

Auf die erste Nachfrage der Interviewerin, bei der diese Lisa bittet, noch einmal auf ihre Kindheit und Jugend einzugehen, erzählt die Biographin, dass sie zu der Zeit sich noch nicht viel mit ihrer Geschlechtsidentität auseinandergesetzt hat. Sie berichtet, dass sie erst mit der Pu-

[18] Hier ist die Transition nach Außen hin gemeint, also für andere ggf. sichtbar/erkenntlich.

bertät gemerkt habe, dass etwas „quasi schief läuft". Sie erlebt ihre Pubertät „gezwungermaßen" als Junge, und treibt Kraft- und Ausdauersport. Sie wiederholt ihre Aussage, die sie schon für ihre Kindheit getroffen hat: „ja hab mich aber wirklich nie bewusst damit auseinandergesetzt es war halt einfach so klar alle sagen dass du=s bist also bist du=s". Sie erzählt weiterhin, dass sie das erste Mal mit dem Thema „Trans*" in einem lesbisch-schwulen Jugendtreff in Berührung gekommen ist, und auch relativ schnell für sich gemerkt hat, dass dies für sich zutreffen könnte. Aufgrund ihrer damaligen Beziehung zu ihrem Freund, hat sie jedoch ihre Rolle als Junge aufrecht erhalten.

Auf die zweite Nachfrage der Interviewerin, bei der sie sich für die aktuelle Lebenssituation der Biographin interessiert, beginnt diese mit der Aussage „ja aktuell hat ich bis jetzt noch gar keine Operationen". Hier greift sie das thematische Feld „Körperliche Eingriffe/Operationen" auf, welches schon im ersten Interviewabschnitt eine hohe Gewichtung erhielt. Es folgen ausführliche Erzählungen über mögliche körperliche Eingriffe und die Auseinandersetzung mit der Krankenkasse als Trans*Person. Sie erzählt, dass sie sich im Moment nicht vorstellen kann, eine geschlechtsangleichende Operation durchführen zu lassen. Sie erklärt, dass die Ergebnisse und auch Risiken einer Operation für sie die ausschlaggebenden Punkte sind, sich zum jetzigen Zeitpunkt dagegen zu entscheiden. An dem Punkt leitet sie damit zum Thema „Männer" über, und erzählt, wie schwierig es ist, jemanden kennenzulernen: „die Generation Männer die ich jetz um mich rum hab die is total versaut für die is schwul n Schimpfwort und ne Vollkatastrophe und schwul bedeutet ich hab Sex mit nem Penis so ungefähr und ich muss aber Sex mit ner Muschi haben scheißegal wie die Muschi aussieht". Sie erzählt ausführlich, wie Trans*-Sein für viele Menschen zu einer Art „Vollzeitjob" wird, wenn der Druck, auch körperliche Eingriffe vornehmen lassen zu möchten, hoch ist. Lisa vergleicht ihre eigene „Luxus-Situation" mit der von anderen

Trans*Menschen: „ich könnte ohne Probleme in der Gesellschaft so ankommen viele können=s nich also viele können als Trans nicht in der Gesellschaft ankommen und für die ist denn quasi dieses Outing als Trans n Todesurteil (trinkt) beziehungsweise s/ sie haben sehr große Schwierigkeiten". Diese Schwierigkeiten wiederum erzeugen ihrer Aussage nach dann das gesellschaftliche Bild vom „Monster Transsexuell", welches den eigenen Erkenntnisprozess vieler Trans*Menschen deutlich erschwert.
In der dritten Nachfrage fragt die Interviewerin, wie Lisa ihre Freizeit neben dem Studium verbringt. Die Biographin erzählt davon, dass sie sich um ihre Wohnung kümmert, aber auch gerne ins Kino geht, Freund*innen trifft, liest, Sport treibt und sich für vegane Ernährung interessiert. Sie spricht von einem eher „unspektakulären" Leben. In einer längeren Passage bringt sie hier wieder das Themenfeld „Arbeit bzw. Beruf" ein, als sie von ihrem Job in einem Call Center in der Marktforschung erzählt. Hier fließt das weitere Themenfeld „Körperliche Eingriffe" ein, als sie berichtet, wie sie augrund ihrer Stimme am Telefon oft für einen Mann gehalten wird. Eine Stimmbandoperation kommt für sie aber ebenfalls nicht in Frage und sie entgegnet: „warum muss ICH MIR quasi Schmerzen antun Einschränkungen hinnehmen dafür dass andere Menschen mich akzeptieren warum sollte ich mir das antun?". Die Betonung von „ich mir" verdeutlicht, wie wichtig die Möglichkeit der selbstständigen Entscheidung eines körperlichen Eingriffs für die Biographin ist. Sie argumentiert hier, dass Operationen nur eine Option für sie darstellen, wenn sie diese „für sich" eingehen würde.

Auf die vierte Nachfrage der Interviewerin, was Lisa für zukünftige Wünsche oder Vorstellungen hat, gibt sie an, dass sie gerne ihr Studium abschließen und eine_n Arbeitgeber_in finden möchte, die_der ihr Trans*-Sein akzeptiert. Sie wünscht sich, dass sie trotz Hormontherapie und möglichen Auswirkungen körperlich gesund bleibt. In dieser

Sequenz erzählt sie ausführlich, dass sie ebenfalls gerne noch ein Psychologie-Studium und eine anschließende Therapeut*innenausbildung machen möchte, da sie schon immer sehr viel Spaß daran hatte, „Starthilfen“ zu geben, vor allem anderen Trans*Menschen gegenüber. In langen argumentativen Ausführungen erklärt sie, wieso man mit dem Thema Trans* als Trans*Person sowieso nie vollständig abschließen kann. Am Ende greift sie das Thema „Männer“ wieder auf, und erzählt, dass sie dafür erst einmal keinen Nerve hat und es auch nicht mehr einsieht, „da jetzt irgendwie=s mega Aufklärungsarbeit zu leisten“.

Mit der fünften Nachfrage der Interviewerin wird der Biographin noch einmal die Möglichkeit gegeben, die von ihr berichteten Dinge zu gewichten und besonders wichtige Aspekte noch einmal zu benennen. Lisa entgegnet hier, dass ihr die Aufklärung in der Gesellschaft sehr wichtig sei. Hier greift sie das Thema auf, womit sie den letzten Abschnitt beendet hat. Sie würde sich des Weiteren wünschen, dass sich die Sprache für „vielgeschlechtliche Menschen“ mehr öffne. Darüber hinaus ist ihr überaus wichtig, dass es endlich eine gute medizinische Versorgung für Trans*Menschen gibt, und Trans*Menschen gut von Ärzt*innen, Therapeut*innen etc. auf ihrem Weg begleitet werden.
Nach diesem Abschnitt bittet die Biographin um eine kurze Pause. Das Interview wird nach ca. fünf Minuten wieder aufgenommen.

Auf die letzte Frage der Interviewerin, an dieser Stelle noch die Möglichkeit zu haben, ein noch nicht angesprochenes Thema einzubringen, entgegnet Lisa, dass sie denke, alle ihr wichtigen Dinge schon gesagt zu haben.

Strukturelle inhaltliche Beschreibung einzelner exemplarischer Interviewsequenzen

Eingangssequenz

Anhand der Eingangssequenz des zweiten Interviews soll auch hier überprüft werden, ob Lisa den Stimulus ratifiziert und ob tatsächlich eine Erzählung zustande kommt.

> I: //mmh// okay dann läuft das jetz ich leg=s mal hier hin und hoffe dass das //dass das auch reicht// (rass) dass es reicht . es steht da record und genau ich hoffe das (was passiert jetz?) //(lacht) dass (macht=s) auch noch was (lacht) es macht auch noch alles was es soll?//(lacht) genau und genau meine Eingangs ehh frage ist also ich interessiere mich (…) für das Leben von jugendlichen und jungen Menschen in Hinsicht auf deren Geschlechtsidentität //mmh// und ich würde dich daher bitten mir zu erzählen wie dein Leben verlaufen ist mit all dem was aus deiner Sicht dazu wichtig ist.
>
> L: . huh was stellst du dir unter der Frage genau vo:r? (Tassen klicken) mmh (2) ja grade auch m Trans Bezug wahrscheinlich dann ehm (2) quasi wie mein Leben auch durch diesen Wechsel vielleicht verlaufen ist wahrscheinlich dann auch ne?
>
> I: also dass was du als wichtig empfindest . kannst theoretisch da anfangen wo du möchtest
>
> L: ok ehm chja als wichtig naja (Z.2-17)

Die Interviewerin richtet das Mikrophon zu Beginn des Interviews etwas verunsichert aus, wobei ein gewisses Risiko angedeutet wird, dass das Interview technisch nicht gelingen könnte. Dies könnte die Interviewsituation in dem Maße beeinflussen, dass Irritationen sich in den Erzählstimulus tragen, aber zur gleichen Zeit auch eine lockere

Atmosphäre zwischen der Interviewerin und Biographin entsteht. Beide kommentieren und lachen über die stolprige Anfangssituation, so dass davon ausgegangen werden kann, dass eher letzteres eintritt. Die Interviewerin erlangt ihren Fokus zurück und stellt den Stimulus ohne Unterbrechung. Sie setzt den Erzählstimulus, welcher von Lisa parallel mit einem //mmh// kommentiert wird. Dies kann so gedeutet werden, dass sie der Frage folgt und wahrnimmt, was gesagt wird. Nachdem die Interviewerin die Eingangsfrage beendet hat, gibt es eine Pause, nach der Lisa mit einer Rückfrage die Erzählaufforderung erst einmal nicht annimmt: „ . huh was stellst du dir unter der Frage genau vor?“ Aus dem Feldprotokoll ist ersichtlich, dass sie mit ihren Fingern an der Teetasse klimpert und während der anderen beiden 2-sekündigen Pausen konzentriert in die Luft schaut. Dies könnte darauf hinweisen, dass sie die Eingangsfrage wirklich ganz genau verstehen und richtig beantworten will. Es kann vermutet werden, dass die Offenheit der Frage sie überrascht und verunsichert. In ihrer Rückfrage stellt sie die Verbindung zu ihrem Trans*-Sein her und schlägt vor zu erzählen, wie ihr „Leben auch durch diesen Wechsel [...] verlaufen ist“. Es kann hier davon ausgegangen werden, dass sie sich dem Thema und der Zielgruppe zugehörig fühlt, die in der Eingangsfrage genannt wird, also jugendliche und junge Menschen und deren Geschlechtsidentität. Die Interviewerin gibt noch einmal zu verstehen, dass die Biographin dort ansetzen kann, was sie als wichtig empfindet. Mit einem „ok ehm chja als wichtig naja“ erklärt die Biographin sich nun bereit, über Persönliches zu reden. Die Aneinanderreihung von kurzen Füllwörtern könnte vermuten lassen, dass sie dennoch verunsichert darüber ist, wo sie thematisch ansetzen soll.

Schwierigkeiten bei der Jobsuche

Die letzten Worte der Biographin aufgreifend beginnt diese nun darüber zu sprechen, was sie „als wichtig“ empfindet:

> L: also is auf jeden Fall is es mir aufgefallen dass es sehr schwierig ist wenn man grade sich als Transperson bewegt und damit relativ offen umgeht ehm ja es ist sehr schwierig quasi nun wirklich n richtigen Job zu finden oder beziehungsweise ehm (2) ja also bei der Jobsuche is es sehr schwierig grade auch wenn man noch sehr am Anfang steht und diese Vornamens – und Personenstandsänderung noch nicht durch hatte was ich jetzt ja Gott sei Dank dann habe denn jetz geht=s beim Job suchen (Z. 17-24)

Die Biographin beginnt ihre Ausführungen mit einer argumentativen Aussage. „also“ markiert eine Erzählhaltung, die bestimmte Einstellungen und Verhaltensweisen begründen und rechtfertigen will. Sie berichtet als ersten Punkt im Interviewverlauf über die schwierige Arbeitsmarktsituation für Trans*Personen. Es lässt sich hier die Vermutung aufstellen, dass sie selbst Konflikte bei der Arbeitssuche erlebt hat, und sich für ihre Geschlechtsidentität stets rechtfertigen und verteidigen muss. Ihre Aussage beginnt allgemein gehalten: „mir ist aufgefallen, dass es sehr schwierig ist, wenn man... “. Hier stellt sich nun die Frage, was dies bedeuten könnte. Hat sie diesen Fakt bei anderen gesehen und wahrgenommen, oder eventuell selbst erlebt? Rechtfertigt sie hier auch die Erfahrungen anderer Trans*Menschen, oder ihre eigenen? Einerseits deutet „mir“ auf einen persönlichen Bezug hin, andererseits verallgemeinert sie ihre Aussage durch die Benutzung von „man“. Es wird deutlich, dass sie über Trans*Personen spricht, die in ihrem Umfeld geoutet sind, also ein Mensch, der „sich als Transperson bewegt“, und gleichzeitig „damit relativ offen umgeht“. Hier lässt sich die zweite Vermutung aufstellen, dass dies für ihr eigenes Leben zutrifft. Lisa wiederholt nach einer 2-sekündigen Pause noch einmal, wie schwierig die Jobsuche für Trans*Menschen ist, vor allem für diejenigen, die noch am Anfang ihrer Transition innerhalb ihres sozialen und beruflichen Umfelds stehen und bspw. die Vornamens- und Personenstandsänderung noch nicht haben. Die Pause lässt vermuten, dass sie Schwierigkeiten hat, einen Zugang zum Interview aufzubauen. Sie schließt noch einmal an das Thema an, wieder als allgemeine Aussage und argumentativ mit „also“ markierend. Mit „was ich jetzt ja Gott sei Dank dann habe“ wird deutlich, dass Lisa die Vornamens- und Personenstandsänderung vorgenommen hat, also nicht mehr am Anfang ihrer Transition steht. Ihre anfangs allgemeinen Aussagen werden hier nun spezialisiert, und beziehen sich auf ihr Leben. „ich“ kennzeichnet Lisa als Ereignisträgerin. Auffällig hier ist der Ausspruch „Gott sei Dank“. Es kann angenommen werden, dass die offizielle Änderung des Vornamens und Personenstandes für die Biographin eine Erleichterung war, und mögliche belastende Situationen und Konflikte verringert hat. Sie erzählt daran anschließend davon, dass ihre eigene Jobsuche dadurch besser verläuft.

Auffällig in dieser Sequenz ist die Einführung der Thematik „Arbeit/Job“ als erstes Themenfeld auf die Eingangsfrage der Interviewerin hin. Es lässt sich vermuten, dass dieses Thema im Leben der Biographin eine wichtige Rolle spielt und im weiteren Interviewverlauf immer wieder präsent sein wird. Die Sequenz ist von Beginn an geprägt von einer argumentativen Erzählhaltung, die darauf schließen lassen könnte, dass die Biographin mit ihrer Geschlechtsidentität oft in Situation gerät, in die sie sich für ihr Trans*-Sein rechtfertigen und erklären muss. Des Weiteren kann festgehalten werden, dass sie daran interessiert zu sein scheint, nicht nur von ihrem Leben, sondern auch allgemein von Erfahrungen von Trans*Menschen innerhalb der deutschen Gesellschaft selbst zu erzählen, so beginnt sie ihre Ausführungen allgemein, spricht von „man“, und erst im Anschluss lässt sie ihre ganz eigenen Erfahrungen einfließen, und spricht von „ich“.

Entdeckung von Theoretiker*innen

L: und eh hab dann halt auch in dem Zeit/ also so zu dieser Zeit als ich dann am Anfang von der Psychotherapie stand und so weiter auch angefangen mich immer mehr mit diesem Thema gender und Geschlecht und so weiter zu beschäftigen und was es überhaupt bedeutet so und bin dann im Herbst 2012 über ehm Judith Butler gestolpert und Kate Bornstein ich weiß nicht Kate Bornstein ist das ein Begriff ?

I: mmh ja kenn ich beide.

L: und eh und dieses m/ und hab halt dieses my Gender Workbook ausgegraben und bin darüber dann quasi erst überhaupt auf den Trichter gekommen dass es so was wie kein Geschlecht gar nicht geben kann so ungefähr auch weil es sich eigentlich ganz nett anhört so und ehm (atmet) bin dann halt s/ und hab dann halt beschlossen dass (ich) f/ also für mich beschlossen dass ich dann die Hormontherapie das (dass das) ich auch anfangen möchte schlechtweg um ehm . ja biologisch gesehen das kleinere Übel zu wählen sozusagen also (trinkt) für mich ist es quasi angenehmer in Anführungszeichen als Frau aufzutreten und so weiter ich kann=s besser als als Mann aufzutreten quasi aber es ist natürlich nicht so dass ich sage yay es passt hundert Prozent es ist halt . (Z. 175 – 189)

Die Auseinandersetzung mit dem Thema Geschlecht bzw. gender mit der Entdeckung der Theoretiker*innen Judith Butler und Kate Borntsein stellt innerhalb Lisas Biographieverlauf den einschneidenden Wendepunkt dar. Die Biographin erzählt, wie sie zu Beginn ihrer Psychotherapie über Literatur „gestolpert" ist, die sie zum Weiterdenken angeregt hat. Ihre Frage an die Interviewerin, ob diese Kate Bornstein kenne, zeigt auf, dass sich Lisa durchaus darüber bewusst ist, dass nicht jede Person diese Trans*Aktivistin kennt, und die Auseinandersetzung mit Geschlecht auf wissenschaftlich-theoretischer Ebene nicht als Allgemeinwissen vorausgesetzt werden kann. Es kann vermutet werden, dass Lisa sich seit Beginn ihrer Transition sehr stark mit ihrer als auch allgemein mit dem Thema „Geschlechtsidentität/gender" auseinandergesetzt hat. Lisa verfügt über spezielles Wissen, was ihr durchaus bewusst ist. Sie erzählt, wie sie „darüber dann quasi erst auf den Trichter gekommen [ist] dass es so was wie kein Geschlecht gar nicht geben kann so ungefähr". Die Aussage „auch weil es sich ganz nett anhört" lässt vermuten, dass es für Lisa auch Dinge gibt, die sich nicht „nett" anhören, und die sie womöglich erfahren hat. Durch ihren Denk- und Erkenntnisprozess gelangt sie an einen Punkt, an dem sie beschließt, die Hormontherapie zu beginnen. Dieser Themenwechsel wird durch ein lautes Ausatmen markiert. Im Interview betont die Biographin, dass sie diese Entscheidung „für sich" getroffen habe „schlechtweg um ehm . ja biologisch gesehen das kleinere Übel zu wählen". Kennzeichnend für die besondere Entscheidung ist hier ebenfalls die Pause, auf der das Argument der Biographin folgt. Sie erklärt, dass es für sie einfacher ist als Frau aufzutreten, auch wenn sie mit dieser Definition für sich nicht zu hundert Prozent zufrieden ist. Lisa spricht in dieser Aussage den Kontrast zwischen gender, die psychosoziale Ebene von Geschlecht, und sex, die biologisch-anatomische Ebene von Geschlecht, an. Es lässt sich vermuten, dass Lisas Auseinandersetzung u.a. mit Butler und Bornstein dazu führte, Geschlecht nicht als etwas Binäres und ausschließlich Körperliches wahrzunehmen, sondern verschiedene Sichtweisen für sich zu nutzen, um ihren eigenen Weg zu finden.

Schlusssequenz

I: . okay dann eh kommen wir jetz noch zum z/ theoretisch zu meiner letzten Frage noch und zwar ehm (räuspert sich) . genau eben haben wir ja noch mal darüber gesprochen was dir wichtig war und was es für Bedeutung hat so gesagt und und gibt es irgendwas ehm was //genau// jetz in dem Interview nicht zur Sprache gekommen ist wo du aber irgendwie denken würdest es ist mir noch wichtig zu sagen also du bist ja vielleicht auch mit ner Idee oder nem Bild in dieses Interview gegangen oderso und hast und genau ich möchte dir einfach noch mal die Möglichkeit geben vielleicht irgendwas zu sagen was hier noch nicht zum Ausdruck gebracht wurde

L: also da das ja relativ offen alles gestaltet war sind eigentlich alle so Sachen die ich sagen wollte beziehungsweise wichtige Sachen denk ich hab ich alle schon so gesagt wie ich=s sagen wollte ja (lacht) ja hat mich auf jeden Fall sehr gefreut //okay// ja wunderbar

I: okay alles klar (lachend) dann war=s das (Z. 829 – 842)

Die Schlusssequenz beginnt mit der letzten Nachfrage der Interviewerin. Diese gibt Lisa hier die Möglichkeit Aspekte einzubringen, die der Biographin wichtig sind, aber im bisherigen Interviewverlauf noch nicht angesprochen wurden. Es kann vermutet werden, dass der Erzählfluss der Biographin durch die vorhergehende Pause im Interviewverlauf als auch durch die Wortwahl der Frage unterbrochen wurde. Da die Interviewerin nicht noch einmal auf den Lebensverlauf der Biographin hinweist, sondern lediglich sagt, es gäbe nun die Möglichkeit „Wichtiges“ einzubringen, kann angenommen werden, dass dieser

Aspekt komplett der Wahrnehmung der Interviewten entfällt und daher kein prägnanter Erzählstimulus gesetzt wird.

Die Biographin entgegnet in argumentativer Weise, hier symbolisiert durch „also“, dass sie denke alle wichtigen Dinge durch die offene Gestaltung des Interviews schon gesagt zu haben. Ihre argumentative Erzählhaltung ist von Anfang bis Ende des Interviews prägnant. Es ist des Weiteren auffällig, dass sie sich in ihrer Wortwahl an einer Stelle korrigiert: „alle so Sachen die ich sagen wollte beziehungsweise wichtige Sachen“. Die Biographin differenziert also zwischen „weniger wichtig“ und „wichtig“, und es ist anzunehmen, dass auch im Interview Aspekte weggelassen wurden, die von der Biographin als „weniger wichtig“ empfunden wurden. Sie benennt ebenfalls die Möglichkeit gehabt zu haben, Sachen zu sagen „wie ich=s sagen wollte“.

Das Interview wird von Seiten der Interviewten mit Lachen und der Aussage beendet, dass es sie sehr gefreut habe. Mit einem „wunderbar“ schließt sie ihre Erzählung. Das Lachen und ihre Angabe ein schönes Interview gehabt zu haben, könnten darauf deuten, dass die Biographin zufrieden ist mit ihrer Entscheidung, sich für das Interview bereit zu erklären, als auch mit dem Interviewverlauf. Aus dem Feldprotokoll ist ersichtlich, dass der Abschluss der Interviewsituation als nettes Gespräch erfolgte.

Biographische Gesamtformung

Die biographische Entwicklung von Lisa ist zu Beginn ihres Lebens durch das institutionelle Ablaufmuster geprägt. Lisa wächst in einer ländlichen Region Nahe einer Großstadt im Südwesten Deutschland auf. Sie geht vermutlich in den Kindergarten, und zieht im Laufe ihrer Kindheit oder frühen Adoleszenz in eine norddeutsche Großstadt. Die Biographin geht zur Schule und macht ihr Abitur. Ausgangspunkt ihrer Subjektbildungsprozesse ist mit hoher Wahrscheinlichkeit ein eher „klassisches" heteronormatives Familienbild: Mutter, Vater, Kinder; wobei dieses stereotype Bild an einem Punkt bricht, da später nur von dem Stiefvater und einem Umzug in eine norddeutsche Großstadt die Rede ist. Lisa beschäftigt sich in ihrer Kindheit nicht viel mit ihrer Geschlechtsidentität. Einerseits wünscht sie sich zwar „das Playmobil Puppenhaus" und ist nicht sehr von der „Ritterburg" begeistert, die ihr Opa ihr schenken will, aber schlussendlich nimmt sie die Rollenerwartungen an, die an sie als Junge gestellt werden.

Die Biographische Gesamtformung geht mit Beginn der Adoleszenz über in eine Fallkurve. Die Biographin verbringt ihre Zeit sowohl mit Mädchen als auch mit Jungen, und nimmt mit Beginn der Pubertät war, dass „jetz quasi was schief läuft". Lisa setzt sich jedoch nicht bewusst mit ihrer Geschlechtsidentität auseinander, verdrängt erste Ahnungen, denn „es war halt einfach so klar alle sagen dass du=s bist also bist du=s auch". Die Biographin entdeckt allmählich, dass sie sich „geschlechtlich anders" wahrnimmt, kann diese Empfindung jedoch nicht einordnen. Sie weiß, dass sie sich zu Jungen sexuell hingezogen, besucht einen lesbisch-schwulen Jugendtreff und geht eine homosexuelle Beziehung ein. Sowohl in der Schule als auch im Jugendtreff erlebt sie Exklusion und Mobbing aufgrund ihres „Auftretens". Im Jugendtreff kommt sie das erste Mal in Kontakt mit dem Begriff und Thema „Transsexualität", da auch einige Besucher*innen des Jugendtreffs trans* sind, und merkt, „dass das eigentlich zutrifft". Sie versucht zu dem Zeitpunkt ihre „Rolle aufrecht zu erhalten", um ihre damalige Beziehung nicht zu verlieren. Heute weiß sie, dass sie zu der Zeit „enorm neidisch" auf Trans*Besucherinnen des Jugendtreffs war, aber dies nicht ausdrücken konnte: „bei mir is da eigentlich nie so wirklich n geschlechtsspezifisches Empfinden aufgekommen". Während der Pubertät hat Lisa Sport getrieben, Ausdauer- als auch Kraftsport, auch wenn sie selbst es nicht gut fand an Muskelmasse zuzunehmen, aber

„alle haben halt gesagt gut okay Mann also abgucken okay gut so verhalten sich Männer“. Da für sie ihre „Geschlechtsidentität so in dem Alter noch nicht wirklich feststand“, entschloss sie sich eine Ausbildung zur Friseurin zu machen, „weil [sie] halt damals da n noch das Gefühl hatte dass man da geschlechtlich noch n bisschen mehr varii/ variieren kann“. Während dieser Zeit geht sie gerne und oft feiern, gibt viel Geld für Alkohol und Makeup aus. Ihr Auftreten als „femininer Mann“, der sich bspw. auch schminkt, wird im ersten Ausbildungsbetrieb nicht geduldet und sie muss ihre damalige Geschlechtsidentität komplett unterdrücken. „das war halt wirklich so dis erste Mal dass ich es quasi gezwungen wurde mich mit der Geschlechtsidentität eben wirklich auseinanderzusetzen“. Auch nach dem Wechsel des Ausbildungsplatzes, welcher Lisas feminines Auftreten akzeptiert, geht es ihr nicht besser. Ihre Hausärztin stellt ihr letztendlich die Verdachtsdiagnose „F64.0“ aus. Lisa steht der Diagnose distanziert gegenüber. In ihren eigenen Vorstellungen assoziiert sie Trans*-Sein mit „Selbsthilfegruppen“ und „vor allem ältere Transpersonen“. Nachdem sie von ihrer Chefin auf der Ausbildungsstelle ausgelacht wird, als sie sich vor ihr offenbart, „versucht [sie] (dann) immer noch dieses Androgyne n bisschen aufrecht zu erhalten.“

Den absoluten Tiefpunkt der Fallkurve stellen Lisas Nervenzusammenbruch und die nachfolgende Zeit dar, die „aus dieser Dysphorie“ hervorgerufen werden. Die Biographin erhält einen Therapieplatz bei einem Kinder- und Jugendlichentherapeuten, der ihr von ihrer Hausärztin empfohlen wird, bricht diesen Versuch aber nach der ersten Stunde ab. Durch den Nervenzusammenbruch verliert Lisa ihren Ausbildungsplatz. Bei der anschließenden Berufsberatung auf dem Arbeitsamt erlebt sie Diskriminierungserfahrungen aufgrund ihres Auftretens. Die Personalfrau im Arbeitsamt versucht Lisa in die „Schublade schwuler Mann“ zu stecken und meint zu ihr: „ich kann Ihnen ganz viel kaufmännische Berufe empfehlen aber wie gesagt halt kaufMÄN-

NISCH dann müssen Sie halt schon wieder so=n bisschen sich angleichen“. Lisa selbst „wusste auch überhaupt nicht was“ sie in dem Moment wollte. Als die psychische Belastung der Biographin zu groß wurde, hat letztendlich ihre Mutter sie dann ins A-Klinikum gebracht, woraufhin sie nach drei Monaten Wartezeit im April 2012 ihren Therapieplatz erhielt. Dies stellt einen Wendepunkt in Lisas Leben dar, der bewirkt, dass die biographische Fallkurve allmählich in eine Steigkurve übergeht. Sie geht den Therapieplatz ein, obwohl „eigentlich auch noch nicht so wirklich feststand mit welchem Ziel“. Lisa ist es dabei wichtig, dass sie dabei die Möglichkeit besitzt, auch „irgendwie so=n bisschen so [zu] bleiben wie“ sie ist. Sie ist mit ihren eigenen Bilder über Transsexualität konfrontiert, und erlebt die Diagnose wie ein Monstrum, das plötzlich im Raum steht „unter dem man sich irgendwie nich wirklich was vorstellen kann irgendwie so Männer mit Bartschatten Mitte vierzig die denn versuchen irgendwie als Frau durchzugehen“. Lisa ist zu dem Zeitpunkt überfordert, und „wusste halt dann auch einfach nicht was ich quasi für mich als Diagnose nehmen soll“. Sie fühlt sich bei der Therapie „ganz gut an die Hand genommen“.

Nachdem Lisa zu Beginn des Jahres 2012 ihren Ausbildungsplatz verloren hat, arbeitet sie in einer Bäckerei im Verkauf. Mit ihren Kolleg_innen kommt sie gut klar, von der Bäckereileitung wird sie augrund ihres geschlechtsuntypischen Auftretens „als Mann“ diskriminiert. Neben dem Job hat sie wöchentliche Therapietermine am Klinikum zur Selbstfindung: „für mich war halt einfach noch nicht klar wo die Reise halt hingehen soll“. Zu dem Zeitpunkt ist Lisa „da immer so aufgetreten wie [sie] halt aufgetreten [ist] relativ feminin und so weiter ehm aber halt irgendwie noch immer so mit dem Bewusstsein androgyn also androgyner Mann in dem Sinne“. Die Biographin macht ein Praktikum bei Mac Cosmetics in der Hoffnung auf ein offeneres Arbeitsumfeld zu stoßen als zuvor. Die Arbeit bei der Makeup Firma hilft ihr, sich zu stabilisieren.

Mit Beginn der Therapie beginnt Lisa, sich „immer mehr mit diesem Thema gender und Geschlecht und so weiter zu beschäftigen“ und entdeckt die beiden Theoretiker*innen Judith Butler und Kate Bornstein. Dieser Punkt kann als wichtigster Wendepunkt in ihrem Lebensverlaufs angesehen werden. Die Steigkurve geht hier über in einen biographischen Wandlungsprozess. Die Auseinandersetzung mit Gender und Queer Theorie beeinflusst Lisas eigene Denk- und daraus folgend auch Subjektbildungsprozesse stark – so stark, dass sie daraufhin beschließt, die Hormontherapie zu beginnen und als Frau zu leben. Interessant hier ist, dass ihr dennoch bewusst ist, dass diese Definition nicht „hundert Prozent“ passt. Ihr ist es „quasi angenehmer in Anführungszeichen als Frau aufzutreten“. Des Weiteren ist sie durch die Auseinandersetzung mit gender und Geschlechterrollen „mit der Hoffnung auch [sich] damit mehr befassen zu können halt in dieses Soziologie- und Psychologiestudium reingerutscht“. Die Hormontherapie und das Studium stabilisieren Lisa, und sie erhält eine gewisse „Lässigkeit“ in ihrem So-Sein, verzichtet manchmal auf Makeup und trägt lockere Kleidung. Zeitgleich wird sie von ihrem Umfeld konfrontiert mit Fragen wie: „wie du wolltest doch jetz Frau sein wieso . wiso verhälst du dich jetz in Anführungszeichen fast schon männlicher als vorher?“.

Im Sommer 2013, nachdem ihre Hormontherapie begonnen und ihre Vornamens- und Personenstandsänderung abgeschlossen waren, lebt die Biographin so gut wie möglich „stealth“, und geht bspw. zur Stimmtherapie, um ihr passing als Frau zu verbessern. Lisas Einstellung hat sich bis heute gewandelt: Jetzt ist ihr wichtig, dass sie Menschen, die sie näher kennenlernt, nicht mehr „anlügt“. Lisa hat „einfach kei/ kein Bock [...] so=n wichtigen identitätsstiftenden Punkt einfach verst/ zu verschweigen“. Sie macht sich ihre jetzige Lässigkeit und selbstsichere Art, die sie nach Beginn der Hormontherapie verspürt, zu Nutzen und sieht das offen als Trans* leben auch als „ganz gute[n]

Filter um die Arschlöcher von Anfang an raus zu haben". Psychisch geht es Lisa zunehmend besser, körperlich fühlt sie sich häufig durch die eingenommenen Antiandrogene matt und antriebslos. Sie lernt mit ihrem neuen Energiehaushalt und Biorhythmus umzugehen, und verspürt manchmal den Wunsch „irgend nem Transmann die Libido Spritze [zu] klauen".

Ihre aktuelle Lebensphase ist von diesem Wandlungsprozess geprägt, und geht jedoch in ein biographisches Handlungsmuster über. Lisa arbeitet neben dem Studium im Bereich Marktforschung in einem Call Center, wo sie häufig Kommentare von Kolleg_innen wie bspw. „du hast ja mehr Nagelzeugs auf=m Tisch liegen als ne richtige Frau" ertragen muss. Die Biographin ist von Situationen wie diesen genervt, und hat „keine Lust meh/ das jedes Mal wieder durchzukauen". Sie versucht mit ähnlichen Kommentaren gelassen umzugehen, und handhabt sie nach der Devise: „nö muss ich jetz nicht pff wenn du lachen möchtest dann lach doch ich hab jetz keine ich hab jetz grad keine Lust mitzulachen oder mich zu mich zu streiten". Des Weiteren musste sie damit umgehen lernen, dass Menschen sie aufgrund ihrer tieferen Stimme am Telefon als „Herr" einordneten: „am Anfang hat mich das total genervt dass immer alle sagen Herr und ich hab das schon noch korrigiert mittlerweile is denk ich (mir nur) so pff soll=n se d/ SOLL=N SE DOCH ich meine sie seh=n mich ja nicht von daher würden sie mich sehen würd ich das als Beleidigung empfinden aber gut nur meine Stimme klar die ist tief is halt so passiert mir auch immer wieder". Auch bei bspw. Arztterminen wird aufgrund ihrer Stimme am Telefon oft angenommen, dass es sich um einen „Herr" handelt. In der Praxis klärt sich die Situation häufig durch Lisas gutes passing von allein, ohne dass sie sich stets outen muss.

Lisas momentane Lebensphase ist des Weiteren geprägt von Überlegungen zu möglichen körperlichen Eingriffen, wie bspw. Bartepilation oder Brustaufbau, und die Auseinandersetzung mit ihrer Krankenkasse und Ärzt_innen bzgl. der Maßnahmen und deren Kostenübernahme. Eine Operation der Stimmbänder ist für Lisa keine Option, und sie hat für sich entschlossen: „warum muss ICH MIR quasi Schmerzen antun Einschränkungen hinnehmen dafür dass andere Menschen mich akzeptieren warum sollte ich mir das antun?“ Eine geschlechtsangleichende Operation kommt für Lisa im Moment nicht in Frage. Sie empfindet die aktuellen medizinischen Möglichkeiten als zu riskant und unbefriedigend, und kommt zu dem Schluss: „ich sag mir halt ja es ging halt irgendwie immer beziehungsweise ich kam/ komm immer so damit zurecht wieso sollte ich mir das jetz antun?“ Sie ist zum Zeitpunkt des Interviews in keiner festen Beziehung, aber weiß, dass sie auf guten Sex und ihre Orgasmusfähigkeit nicht verzichten möchte. Dennoch ist ihr bewusst, dass Männer kennenzulernen extrem schwierig ist, denn „viele [sind] einfach noch nicht so reif s/ ch dass sie sagen können ja ich kann mit ner Frau zusammen sein die nicht die Standardausstattung hat.“ Des Weiteren hat Lisa einen Weg gefunden, sich bspw. auch im Schwimmbad wohl zu fühlen.

Ihre aktuelle Freizeit verlebt Lisa eher „unspektakulär“: Sie lebt in einer WG mit einem sehr guten Freund, und verbringt viel Zeit mit ihm. Die Biographin geht manchmal ins Kino und trifft Freund*innen in der Stadt. Sie liest gerne, auch weiterhin Literatur aus der Gender und Queer Theorie, treibt viel Sport und interessiert sich für vegane Ernährung. „diese ganzen Sachen wie Makeup und Party und so weiter das is alles irgendwie nich mehr so das war früher“.

Die Überlegung in Zukunft das Studium abzuschließen und ein Psychologie-Studium als auch Therapeut*innenausbildung zu absolvieren sind mögliche Handlungspläne, die Lisa zu realisieren versucht. Wann und wie diese Schritte gegangen werden, steht jedoch noch nicht fest. Die Biographin weiß jedoch, dass es ihr „einfach sehr viel Spaß macht jetz schon immer so Starthilfen zu geben“ für andere Trans*Menschen. Lisa ist etwas besorgt, aber hofft, dass ihre körperliche und psychische Gesundheit durch die Hormontherapie und mögliche Eingriffe stabil bleibt, denn „durch mit dem Trans ist man nie".

Die aktuelle Lebensphase zwischen „Wandlungsprozess" und „biographisches Handlungsschema" wird zukünftig wieder neue transformatorische Selbstbildungsprozesse mit sich bringen.

Biographische Selbstrepräsentation

Lisa berichtet über ihren Lebensverlauf als Trans*Frau vor allem während und nach der Adoleszenz. Sie spricht nur kurz und auf Nachfrage über ihre Kindheit und frühe Jugend, als auch ihren Familienhintergrund. Sie präsentiert sich in ihren Erzählungen als eine Aktivistin mit vielfältiger Geschlechtsidentität: „Mit Hilfe von therapeutischer Begleitung habe ich einen Zugang zu meiner geschlechtlichen Identität gefunden, und setze mich seitdem auch bewusst mit gender und Geschlecht auseinander, um anderen Menschen eines Tages selbst Hilfe leisten zu können." Die Aussagen der Biographin verweisen auf eine intensive Auseinandersetzung sowohl mit sich selbst als auch mit ihrer Umwelt und Anderen.

Lisa versteht sich als eine Trans*-Aktivistin, der im Interview wichtig ist, gesellschaftliche Konflikte und Probleme, mit denen Trans*Menschen tagtäglich zu tun haben, zur Sprache zu bringen. Sie schildert sowohl allgemeine Schwierigkeiten in der Gesellschaft, als auch eigene Erfahrungen. So beginnt Lisa ihre Lebensgeschichte mit dem thematischen Feld „Beruf/Ausbildung/Job", welches immer wiederkehrend eine enorme Gewichtung innerhalb ihrer Erzählungen einnimmt. Ihr ist es sehr wichtig, die Vorurteile gegenüber geschlechtsuneindeutigen Menschen und die Probleme zu benennen, die diesen bei der Arbeitssuche oder auf der Arbeit begegnen.

Ein weiteres Themenfeld, welches ähnlich viel Aufmerksamkeit erhält, ist der tagtägliche Umgang mit der eigenen Körperlichkeit in Verbindung mit medizinischen und therapeutischen Maßnahmen: von dem Moment der ersten Therapiestunde aufgrund der Verdachtsdiagnose „Trans*“ an, über die Entscheidung zur Hormontherapie und daraus resultierende körperliche Veränderungen und Einschränkungen, der Umgang mit der eigenen Innenwelt als auch mit seiner darauf reagierenden Umwelt, und weitere medizinische Maßnahmen wie Stimmtherapie, Bartepilation oder Brustaufbau. Trans*-Sein ist Lisas Wahrnehmung nach für viele ein Vollzeitjob und mit der Entscheidung, den Weg der geschlechtlichen Veränderung zu gehen, sind nicht selten unzählige Termine in Praxen, Kliniken oder bei Gerichten oder ähnliche bürokratische Wege verbunden, die die psychische und körperliche Gesundheit auch belasten können.

Lisa präsentiert sich als smarte Soziologie- und Psychologie-Studentin und mögliche zukünftige Therapeutin, die mit Hilfe ihres umfangreichen Wissens auch etwas verändern und Menschen helfen will. So merkt sie bspw. mehrmals die Rückständigkeit der deutschen Sprache in Bezug auf geschlechtsspezifische Personalpronomen an und bietet im Interview der Zuhörerin eine Bandbreite an Definitionen und Begriffen an, um die Vielfalt menschlicher Geschlechtsidentitäten zu repräsentieren: Trans, feminin, Transidentität, Transperson, androgyn, schwuler Mann, transgeschlechtlicher gender Krams, Fetisch, ES, Menschen, Frau, Butchlesbe, Transmann, Mädchen, transsexuell, facial femization surgery, usw.. Ihre Selbstdefinition zu erlangen war ein Prozess, der sehr gut durch die Nutzung unterschiedlichster Identitätsbeschreibungen erkennbar ist: Obwohl Lisa als Kind schon spürte, dass sie gerne mit dem „Mädchen“-Spielzeug spielen möchte, beschäftigte sie sich in dem Alter noch nicht tiefer gehend mit ihrer Geschlechtsidentität. Sie durchlebt ihre Sozialisation in der Kindheit als „Junge“, und nimmt ihre Geschlechterrolle weitestgehend konfliktfrei an. Während der Pubertät und in der Schulzeit erlebt ihr Umfeld und sie sich selbst allmählich als „femininer“, Lisa beginnt sich dezent zu schminken. Sie definiert sich ab einem bestimmten Zeitpunkt als „schwuler Junge“ in einer festen Beziehung mit einem anderen Jungen. Während sie sich in der Ausbildung zur Friseurin befindet, trägt ihre Hausärztin das erste Mal die Verdachtsdiagnose „transsexuell“ an sie heran, die Lisa für sich zu dem Zeitpunkt ablehnt, da sie diese Fremddefinition zu stark mit stereotypen Bildern von Selbsthilfegruppen und älteren Trans*Personen verbindet. Ihr damaliges „androgynes“ Auftreten versucht sie weiterhin aufrecht zu erhalten. Nachdem Lisa einen Nervenzusammenbruch erleidet und ihre Ausbildung verliert, wird sie von der Personalfrau bei der Berufsberatung auf dem Arbeitsamt in die „Schublade schwuler Mann“ eingeordnet. Ihre eigene Geschlechtsidentität wird zu einem immer größeren Konflikt für sie. Nachdem ihre Mutter sie in eine Klinik bringt, und ihr ein Therapieplatz ermöglicht wird, begibt Lisa sich das erste Mal bewusst auf die Suche nach sich selbst. Wöchentliche Therapietermine helfen ihr dabei. Sie selbst definiert sich zu dem Zeitpunkt als „androgyner Mann“. Zu Beginn der Psychotherapie „stolpert“ sie über die Queer-Theoretiker*innen Judith Butler und Kate Bornstein, die ihre eigene Wahrnehmung und Denkweisen grundlegend beeinflussen und formen. Trans*-Sein gewinnt für sie ab diesem Wendepunkt eine neue Bedeutung. Sie beschließt daraufhin für sich als „Frau“ zu leben und die Hormontherapie zu beginnen, auch wenn ihr bewusst ist, dass auch diese Definition nicht zu hundert Prozent passt. Versucht sie zum damaligen Zeitpunkt möglichst „stealth“ zu leben und ein gutes passing zu haben, so wird ihr nach einiger Zeit klar, dass sie Menschen in ihrem Umfeld nicht anlügen möchte. Durch die zunehmende Sicherheit in ihrer Geschlechtsidentität als Frau*, kleidet sie sich lässiger. Menschen konfrontieren sie damit, sie sehe jetzt schon „männlicher“ aus als zuvor. Die Biographin selbst präsentiert sich als selbstbewusste Frau*, „die nicht die

Standardausstattung hat“, und die offen mit ihrer Transidentität umgeht.

Des Weiteren wünscht Lisa sich in Zukunft eine bessere medizinische Versorgung für Trans*Menschen, sodass diese nicht mehr als „Versuchskaninchen“ missbraucht werden. Ihre Kenntnisse, die sie in ihrer Auseinandersetzung mit Theoretiker*innen der Gender und Queer Studies, aber auch im Austausch mit ihren Therapeut_innen und befreundeten Trans*Menschen erlangt hat, fließen sowohl in ihr Studium, in den Kontakt mit anderen Menschen als auch in ihre Entscheidungen ein, wie ihr weiterer Lebensweg als Trans*Frau aussehen wird.

Zusammenfassend kann festgehalten werden, dass die Biographin schon immer Subjektbildungprozesse durchlaufen und verschiedenste Geschlechtsidentitäten ausprobiert hat, aber mit Hilfe ihrer Mutter, die sie in die Klinik bringt und der anschließenden therapeutischen Begleitung einen Wendepunkt erreicht, an dem sie beschließt als Frau zu leben, die selbstbewusst und offen mit ihrer männlichen Sozialisation umgeht. Ihre Erfahrungen als Trans*Mensch sollen anderen Menschen helfen, die einen ähnlichen Weg gehen.

7. Fallvergleichende Ergebnisdarstellung

Die Analyse der beiden Fälle zeigt, dass sich der Prozess der Subjektbildung durch das Zusammenspiel und die Wirkung unterschiedlichster Ressourcen und Einflüsse konstituiert. Subjektbildung lässt sich also nicht auf bestimmte Bedingungen oder Handlungen zurück führen, sondern es spielen vielmehr unterschiedlichste Bedingungen, Erfahrungsdimensionen und Handlungsorientierungen der Akteur*innen im jeweiligen Handlungskontext eine Rolle.

In diesem Kapitel werden die beiden Fälle anhand der Fragestellung dieser Arbeit miteinander kontrastiert. Ziel der Kontrastierung ist es, sowohl Gemeinsamkeiten als auch Unterschiede entlang der Lebensverläufe von Sascha und Lisa aufzuzeigen. Trotz der Heterogenität der Lebensgeschichten und der biographischen Vielfalt soll versucht werden, eine übergreifende und verallgemeinernde Darstellung zu leisten. Die dargestellten Ergebnisse sind dennoch lediglich Beispiele für Subjektbildungsprozesse und besitzen nicht den Anspruch, subsumierend alle Subjektbildungsprozesse von jugendlichen und jungen Trans*Menschen zu erfassen.

Familienhintergrund und Kindheit

Beide Interviewten wuchsen in der Nähe einer Großstadt auf – Sascha im Nordwesten und Lisa im Südwesten Deutschlands. Sowohl Sascha als auch Lisa kommen aus einer Familie, die aus einem heterosexuellen Familienkern und Umfeld besteht, aber von Brüchen geprägt sind. Sowohl Saschas als auch Lisas Vater haben eine besondere Position im biographischen Verlauf: Bei Sascha wird der Vater als Konfliktpunkt erlebt, den es aus der Erziehung und später aus seinem eigenen Leben rauszuhalten gilt, und in Lisas Ausführungen werden weder der eigene noch der Stiefvater groß erwähnt, wobei letzterer von ihr zumindest im Kurzfragebogen aufgenommen wird. Saschas Mutter und seine 10 Jahre ältere Schwester stellen bei ihm die grundlegenden Bezugspersonen innerhalb seiner Kindheit dar, Lisa erzählt gar nicht über ihr Familienleben.

Ob Familie als grundlegende Ressource für Subjektbildungsprozesse von Trans*Jugendlichen angesehen werden kann, kann an dieser Stelle nicht ausreichend beantwortet werden. Vielmehr stellt sie auch einen Ort dar, an dem an heteronormativen Rollenbildern festgehalten wird, Sanktionen für geschlechtsuntypisches Verhalten verteilt und somit Subjektbildungsprozesse von Trans*Jugendlichen eingeschränkt werden.[19] Festzuhalten gilt, dass sowohl Sascha als auch Lisa durch das ökonomische Kapital ihrer Familie dennoch eine Basisgrundlage erhalten, auf der weitere Subjektbildungsprozesse erfolgen können. So arbeiten alle Elternteile in den beiden Familien, Sascha und Lisa gehen beide in die Schule und machen das Abitur und geben an, auch mit ihren Geschwistern zu spielen und eine schöne Kindheit gehabt zu haben.

Sascha nimmt seine Geschlechtsidentität schon im Kindesalter war und entdeckt diese spielerisch. Im Spiel mit sich selbst bezeichnet er sich als „Er“. Lisa hingegen beschäftigt sich nicht sehr mit ihrer Geschlechtsidentität. Von ihrem Umfeld wird sie als Junge definiert, was sie für sich annimmt. Lisa merkt aber wie sie oft viel lieber mit „Mädchen-Spielzeug“ spielen würde als mit „Jungen-Spielzeug“. Beide Interviewten verspüren demnach schon in frühen Kinderjahren ein Gefühl dafür, wie sie sich geschlechtlich wahrnehmen, auch wenn sie ihr

[19] Zum Beispiel wird Sascha von seiner Mutter gedroht, dass sein Vater ihn von zu Hause raus wirft, sobald dieser von der damals „lesbischen“ Beziehung Saschas zu einem Mädchen erfährt.

Empfinden niemanden gegenüber artikulieren. Des Weiteren lässt sich hier festhalten, dass die Möglichkeit, im Spiel unterschiedliche Geschlechter auszuprobieren eine wichtige Ressource bei der Identitätsfindung darstellt.

Frühe Adoleszenz und Schule

Die frühe Adoleszenz und beginnende Pubertät stellt in beiden Interviews einen entscheidenden Punkt im Leben der Interviewten dar. Eigene körperliche Veränderungen und die neue Wahrnehmung gleich- und gegengeschlechtlicher Peers im Freund_innenkreis konfrontieren Sascha und Lisa mit ihrer eigenen Sexualität, Körperlichkeit und Geschlechtsidentität. Sascha berichtet über die Freude seiner Mutter über die beginnenden körperlichen Veränderungen, wobei er selbst sich immer verzweifelter fühlt. Lisa spricht darüber, dass sie sich zu dem Zeitpunkt noch immer kaum mit ihrer eigenen Geschlechtsidentität auseinandergesetzt hatte, und einfach annahm, was ihr Umfeld ihr über sie rückmeldet, nämlich dass sie ein Junge sei. Dennoch spürt sie, dass sie „anders" ist als ihre Mitschüler_innen, und definiert sich ab einem bestimmten Zeitpunkt als schwuler Junge. Retrospektiv merkt sie hier den Beginn ihres „femininen Auftretens" an, ohne zum damaligen Zeitpunkt jedoch großartig darüber nachzudenken. Interessant ist hier, dass auch Sascha eine „homosexuelle" Identität bildet, vielmehr jedoch aus dem Hintergrund heraus, dass, wenn er selbst sich als „Mann" wahrnimmt, er „logischerweise" auch auf Frauen stehen muss, und sein Umfeld ihn daraufhin als „lesbisch" wahrnimmt. Heteronormative Vorstellungen beeinflussen sowohl die Selbst- als auch Fremddefinitionen des Biographen. Diese Subjektbildungsprozesse werden von Sascha als starke und lang andauernde Identitätskonflikte erlebt, wohingegen Lisa ihr Schwul-Sein als etwas Selbstverständliches anzunehmen scheint[20].

Es lässt sich hier festhalten, dass die körpereigene Pubertät sehr unterschiedlich empfunden wird und je nach Schwere einen Identitätskonflikt für die jeweilige Person darstellen kann. Dennoch ist zu erkennen, dass auch hier ein „Anders-Sein“ bei beiden Interviewten wahrgenommen wird, und bei beiden zur Entwicklung einer „homosexuellen“ Identität führt.

Für beide Interviewte war die Schulzeit ein schwieriger Lebensabschnitt, der geprägt war von Mobbing- und Diskriminierungserfahrungen. Fremdzuschreibungen, stereotype Rollenerwartungen und diskriminierende Sprüche von Klassenkamerad_innen erlebten beide. Ihr geschlechtsuntypisches Aussehen und Auftreten wurde kommentiert und abgewertet. Neben sexistischem, homo- und trans*phoben Verhalten von Mitschüler_innen waren Sportumkleiden und Körperbehaarung Konfliktfelder, mit denen Sascha und Lisa sich auseinanderzusetzen hatten. Schule ist in den Erzählungen der Interviewten ein Ort der (Subjekt-)Bildung, der heteronormative Erwartungen und Rollenbilder reproduziert anstatt aufbricht. Schule als fast täglicher Lebensraum von Lisa und Sascha hat den beiden keine Ressourcen geboten, sich reflexiv mit Geschlechtsidentität auseinanderzusetzen und den beiden als geschlechtliche Grenzgänger*innen Schutzräume zu bieten, um sich in einem akzeptierenden Umfeld zu entdecken. Vielmehr war Schule ein Ort, an dem peer pressure und Konformitätsdruck die Subjektbildungsprozess eingeschränkt und die eigene Geschlechtsidentität als Abseits der Norm dargestellt hat.

---

[20] Es lässt sich vermuten, dass hier doch Lisas Familie als wichtige Ressource für die Bildung ihrer Geschlechtsidentität wirkt, und diese „konfliktfreie“ identitätsstiftende Ressource aufgrund ihrer Unproblematik im Interview fast gänzlich entfällt.

Jugend

Der zunehmende Identitätskonflikt lässt Sascha und Lisa teilweise zu drastischen Maßnahmen greifen. Beide Interviewte gaben an, durch Sport versucht zu haben, ihre Körperlichkeit während der Jugend beeinflusst zu haben. Sport dient als Ressource für kontrollierte, körperliche Veränderung, wobei Lisa - damals als schwuler Junge lebend - einfach keine Lust hatte, sich im Kraftsport mit anderen Jungen zu messen und Muskeln aufzubauen und dann auf Ausdauersport zurückgriff, um die Rollenerwartungen ihres Umfeld zufrieden zu stellen und Sascha nutzte Sport und Ernährung, um radikalere Maßnahmen zu erzielen. Sein Ziel, seine weibliche Pubertät zu kontrollieren und zu bremsen, resultierte in der Entstehung von essgestörtem und sportsüchtigem Verhalten.

Lisa versucht ihre Geschlechtsidentität zwar auch etwas mit der Hilfe von Sport zu bilden, greift aber hier vor allem auf die Benutzung von Make-Up als Hilfsmittel zurück, um sich auszuprobieren und ihr Äußeres zu kontrollieren. Schminkt sie sich anfänglich nur dezent, so trägt sie mit der Zeit mehr und mehr Make-Up, wofür sie auch sehr viel Geld ausgibt.

Während der Jugendphase kommen Sascha und Lisa das erste Mal in Kontakt mit der Thematik „Trans*“: Sascha sieht einen Fernsehbeitrag und Lisa lernt Trans*Jugendliche innerhalb des lgbt* Jugendtreffs kennen, den sie zu dem Zeitpunkt mit ihrem Freund besucht. Für beide sind diese Erlebnisse keine Wendepunkte in dem Sinn, dass drastische Veränderungen folgen, und dennoch setzen diese Begegnungen Subjektbildungsprozesse in Gange, die allmähliche Wandlungsprozesse hervorrufen.

Medien wie Internet, TV und Radio besitzen demnach einen großen Einfluss auf Subjektbildungsprozesse, da durch sie geschlechtliche Vielfalt und Akzeptanz abgebildet und gefördert, aber auch Stereotype und Angst vor Gewalt und Ausgrenzung gegenüber nicht-heteronormativen Lebensweisen verbreitet werden kann.

Der lgbt*-Jugendtreff als ein Ort außerhalb des schulischen Alltags besitzt ebenfalls einen hohen Stellenwert für die Interviewten, da sie sich dort abseits von geschlechtsnormativen Rollenerwartungen ausprobieren können und auf „Andere Andersartige" treffen. Schwul, lesbisch, trans* - sie kommen mit unterschiedlichsten Definitionen und Identitäten in Kontakt und ihre eigenen Möglichkeiten, sich selbst zu verwirklichen und auszuprobieren, vergrößern sich.

Krisen und Wendepunkte

In beiden Biographieverläufen sind Wendepunkte zu vermerken, die nach dem Schulabschluss eintreten.

Sascha zieht in eine norddeutsche Großstadt, um eine Ausbildung zu beginnen. Er befindet sich zu diesem Zeitpunkt an einem Tiefpunkt in seinem Leben, hat noch immer mit seinem gestörten Ess- und Sportverhalten zu kämpfen. Durch den Kontakt zu seinem Mitbewohner, der ein Trans*Mann ist, erlangt er Zugang zu neuen Denkweisen und beginnt sich mehr und mehr mit Geschlecht allgemein und seiner eigenen Identität auseinanderzusetzen. Er kommt an einen Punkt, an dem er sich überlegt, was es für ihn überhaupt bedeuten würde, in Zukunft als Mann zu leben und was für eine Art von Mann er gerne sein möchte. Er befindet sich zum Zeitpunkt des Interviews noch immer in dieser Auseinandersetzung mit sich selbst.

Lisa beginnt nach der Schule ebenfalls eine Ausbildung, die sie aufgrund von Nervenzusammenbrüchen nach einigen Monaten verliert. Auch sie befindet sich in einer tiefen Identitätskrise. Nachdem ihre Mutter sie in ein Klinikum bringt, entschließt sie sich eine Therapie zu beginnen, in der sie ihre Geschlechtsidentität entdeckt und daraus resultierend ebenfalls pro-aktiv die Auseinandersetzung mit der Thematik „Geschlecht“ sucht. Für sie bedeutet dieser Wendepunkt im Leben auch, die Hormontherapie zu beginnen und öffentlich als Frau zu leben.

Sascha und Lisa mussten also Krisen durchlaufen, um zu Wendepunkten in ihren jeweiligen Biographien zu erlangen. Auffällig hier ist, dass Krisentiefpunkte und Wendepunkte *nach* dem schulischen Abschluss liegen. Dies bestätigt noch einmal die Annahme, dass Familie und Schule keine Orte darstellten, an denen der Biograph und die Biographin Ressourcen und Hilfe gefunden haben. Sascha und Lisa finden erst nach dem Schulabschluss durch den Kontakt zu Anderen - auf der einen Seite der Mitbewohner und auf der anderen Seite (dann doch) die Mutter bzw. der Therapeut - einen Weg aus der Krise. Die Auseinandersetzung mit Anderen, vor allem in außerschulischen Zusammenhängen, stellt für beide eine Ressource dar, die ihre Subjektbildungsprozesse vorantreiben und begünstigen.

Ausbildung, Beruf, Studium

Sowohl Sascha als auch Lisa erleben große Schwierigkeiten innerhalb ihrer Ausbildung bzw. Berufsausübung. Sascha beschließt, sich nicht während seiner Ausbildung zu outen, aus Angst vor möglicher Diskriminierung und Exklusion. Seine geschlechtliche Uneindeutigkeit anderen gegenüber resultiert dennoch in Fremddefinitionen wie „lesbisch“ oder „asexuell“. Zum Zeitpunkt des Interviews stellt sein eigenes Reflexionsvermögen bzgl. Geschlecht für ihn ebenfalls eine Schwierigkeit innerhalb seiner Berufsausübung dar, da er sich damit auseinandersetzen muss, dass er selbst innerhalb der Werbebranche gewisse stereotype Bilder reproduziert, die er nicht mehr vertreten kann. Dies hat zur Folge, dass er sich überlegt, den Berufszweig zu wechseln oder womöglich sogar ein Studium zu beginnen.

Lisa erlebt ebenfalls Schwierigkeiten innerhalb ihrer Ausbildung zur Friseurin aufgrund ihres damaligen androgynen Auftretens. Nach dem Ausbildungsabbruch jobbt sie in einer Bäckerei und zum Zeitpunkt des Interviews in einem Call Center. Auf beiden Arbeitsplätzen wird sie mit Kommentaren und Diskriminierung auch von Seiten des Chefpersonals konfrontiert. Ihr geschlechtsuntypisches Auftreten als androgyner Mensch vor der Hormontherapie als auch ihr geschlechtstypisches Auftreten nach Beginn der Hormontherapie als Frau, die offen zu ihrer Transsexualität steht, bieten Konfrontationsfläche für grenzüberschreitende Fragen und Sprüche von Kolleg_innen. Innerhalb ihres Soziologie- und Psychologiestudiums berichtet sie von keinen Diskrimierungserfahrungen.

Die Ausbildungs- bzw. Arbeitsstelle wird von beiden Interviewten als einen Ort erlebt, an dem Diskriminierung und Gewalt gegenüber geschlechtlich uneindeutigen Menschen stattfindet und wo heteronormative Rollenerwartungen fest verankert sind. Diese Tatsache hat bspw. für Sascha zur Folge, dass ein Outing und möglicher Transitionsprozess in der Ausbildung bzw. vor dem Arbeitgeber nicht in Frage kommt. Lisa, die zum Zeitpunkt des Interviews offen als Trans*Frau lebt, empfindet die Arbeitssuche und Berufsausübung dank der Hormontherapie und den daraus resultierenden körperlichen Veränderungen und einem selbstbewussteren Auftreten jetzt als leichter. Für beide stellt ein Studium eine Ressource dar, sich noch intensiver mit dem Themenfeld „Geschlecht“ auseinanderzusetzen. Im Gegensatz zur Schule wird Studieren als Möglichkeit gesehen, sich selbst im Austausch mit Anderen zu bilden und weiterzuentwickeln.

Therapeutische Begleitung und medizinische Versorgung

Sascha befand sich während seiner Jugend für ein Jahr in Therapie, die er aus heutiger Sicht als unbefriedigend erlebt, da diese ihn weder in seinem Trans*-Thema noch innerhalb seiner Essstörung und Sportsucht begleitete. Sie stellte für ihn keine Ressource dar, die er hätte zum damaligen Zeitpunkt nutzen können.

Lisa hat nach einem ersten Therapieversuch, den sie sofort wieder abbrach, ambivalente Therapieerfahrungen gemacht. Sie fühlte sich, nachdem sie nach drei Monaten endlich einen Therapieplatz erhielt, gut im Klinikum von ihrem Therapeuten in ihrem Selbstfindungsprozess begleitet. Ihre Hormontherapie und die Auseinandersetzung mit den Krankenkassen erlebt sie als unbefriedigend. So ist sie unzufrieden mit der mangelhaften medizinischen Versorgung, kritisiert den Off-Label-Use von Medikamenten an Trans*Menschen und die oft untransparente Vergabe an Hormonen. Ihre körperlichen Reaktionen auf die Hormontherapie wie Müdigkeit und Energielosigkeit bei gleichzeitigem Ausbleiben bspw. von Brustwachstum frustrieren sie sehr. Des Weiteren ist die ständige Auseinandersetzung mit Krankenkassen, die therapeutischen und medizinischen Maßnahmen zustimmen müssen, anstrengend und die Bewilligung von Maßnahmen willkürlich.

Therapeutische Begleitung und medizinische Versorgung kann demnach als etwas Unterstützendes als auch etwas Einschränkendes im Subjektbildungsprozess wahrgenommen werden.

Aktuelle Lebenssituation

Beide Interviewte sind mit ihrer aktuellen Lebenssituation relativ zufrieden. Sascha befindet sich in einer intensiven Auseinandersetzung mit sich selbst, empfindet aber weniger Druck sich entscheiden zu müssen und genießt seinen aktuellen Lebensabschnitt. Er trifft gerne Freund_innen, macht in einem gesunden Maße Sport und tanzt Bharatanatyam. Lisa vermerkt, dass ihr die Hormontherapie viel Druck und Belastung genommen hat, und sie dadurch lässiger mit Reaktionen ihres Umfeldes bzgl. ihrer Geschlechtsidentität umgehen kann. Auch sie treibt Sport, trifft gerne Freund_innen in der Stadt und genießt ihr Student*in-Sein.

An dieser Stelle kann festgehalten werden, dass es kein „Rezept" für eine zufriedenstellende Lebenssituation von Trans*Menschen gibt, sondern individuelle Entscheidungen, persönliche Einstellungen und Rahmenbedingungen entscheidend sind. Für Lisa stellt die Hormontherapie eine ungemeine Ressource dar, auf die sie sich stützen kann. Sascha gelangte an dem Punkt, sein Trans*-Sein zur Zeit als So-Sein zu akzeptieren, auch ohne körperliche Veränderungen und Eingriffe.

8. Forderungen an die Pädagogik und Ausblick

Die Entwicklung einer eigenständigen Geschlechtsidentität bei Trans*Jugendlichen ist ein komplexes Thema. Sich mit Homo-, Bi- und Transsexualität auseinanderzusetzen, stellt noch immer einen Themenbereich der Pädagogik dar, an den sich viele kaum heran trauen. Viele Pädagog_innen sind durch ihre eigene heterosexuelle Sozialisation voreingenommen und erwarten, dass die Jugendlichen in ihrem Arbeitsfeld sich der Norm nach heterosexuell und geschlechtsädequat entwickeln. Ziel dieser Arbeit war es aufzuzeigen, wie bei Trans*Jugendlichen Selbstbildung geschehen kann, im Sinne einer grundlegenden Transformation von Selbst- und Weltverhältnissen, und in Bezug darauf zu folgern wie Pädagogik diese Subjektbildungsprozesse begleiten und unterstützen kann.

Die Ergebnisse aus den Interviews zeigen, dass Trans*Menschen tagtäglich und unausweichlich mit heteronormativen Rollenbildern und Erwartungen konfrontiert werden, die das Finden der eigenen Geschlechtsidentität, die zumeist als „Anders“ abgewertet wahrgenommen wird, erschwert. Das Aufzeigen und Selbstverständlichen alternativer Identitäten und Geschlechterrollen ist demnach von großer Bedeutung.

Dieser Anspruch muss im Kindergarten und in der Schule ansetzen. Da es für Pädagog_innen kaum möglich ist, in die Familien von jugendlichen Trans* zu gehen, bedarf es einem breitgefächertem Angebot und Auseinandersetzung an den Lebensorten, an denen sich junge und jugendliche Trans* aufhalten. Jegliche geschlechtsbezogene Pädagogik muss demnach frei von Zielvorstellungen sein, wie Mädchen und Jungen zu sein haben, und allen geschlechtlichen Grenzgänger*innen Raum und Möglichkeit geben, sich in einem akzeptierenden Umfeld ausprobieren und selbstfinden und -bilden zu können. Lehrpläne, Schulmedien und geschlechtsreflexive Konzepte müssen dahingehend geprüft und überarbeitet werden. Thematische Schulungen, Fort- und Weiterbildungen für Pädagog_innen sollten regelmäßig angeboten und in Ausbildungscurricula eingebaut werden.

Für außerschulische pädagogische Angebote gilt ähnliches: Es bedarf einer gelebten Offenheit und Akzeptanz auf Seiten der Professionellen gegenüber Trans*Menschen, als auch einen selbstbewussten und selbstverständlichen Umgang mit sexueller und geschlechtlicher Vielfalt allgemein. Die Besonderheit hier ist, dass Jugendliche außerschulische Angebote oft freiwillig wahrnehmen, wobei Schule als verpflichtende Instanz zum Alltag der Jugendlichen gehört. Der Jugendtreff, die Sportgruppe oder unabhängige Projekte haben demnach eine besondere Bedeutung für die Jugendlichen. Hier bestehen mehr Möglichkeiten als noch im schulischen Alltag, einem geschlechtlichen Konformitätsdruck aus dem Weg zu gehen und sich seine peer group selbst zu suchen. Eine anerkennende außerschulische Arbeit kann somit eine Ressource abseits des heteronormativen Schulalltags darstellen.

Dennoch richten aktuelle schulische und außerschulische Auseinandersetzungen ihre Aufmerksamkeit fast ausschließlich auf schwule oder lesbische Jugendliche, sodass Trans*gender kaum berücksichtigt werden. Auch hier bedarf es dieser Blindheit entgegenzuwirken.

Trans*Menschen, die sich ihrem Umfeld offenbaren, müssen also das Angebot wahrnehmen können, in der Schule und anderswo, begleitet zu werden, da sie sich oft in einer tiefen Identitätskrise befinden und eigenständig kaum Ressourcen akquirieren können. Sensibilität gegenüber und Wissen um die Lebenswelt von Trans*Jugendlichen sind daher in einer geschlechtsreflexiven pädagogischen Arbeit unverzichtbar. Hierzu bedarf es wiederum Literatur, Studien und Materialien für die pädagogisch Tätigen, sodass die Erstellungen von Hilfsmitteln und Unterlagen ebenfalls als grundlegende Aufgabe pädagogischer, vor allem theoretischer Arbeit, verstanden werden kann.

9. Literaturverzeichnis

Beger, Nico J./ Hark, Sabine/ Engel, Antke/ Genschel, Corinna/ Schäfer, Eva (2000): *Queering Demokratie. Sexuelle Politiken.* Berlin.

Busche, Mart/Maikowski, Laura/Pohlkamp, Ines/Wesemüller, Ellen (Hg.) (2010): *Feministische Mädchenarbeit weiterdenken. Zur Aktualität einer bildungspolitischen Praxis.* Bielefeld.

Butler, Judith (2006): *Hass spricht: Zur Politik des Performativen.* Frankfurt am Main.

Butler, Judith (2001): *Psyche der Macht Das Subjekt der Unterwerfung.* Frankfurt am Main.

Degele, Nina (2008): *Gender/Queer Studies. Eine Einführung.* Paderborn.

Diestelhorst, Lars (2009): *Judith Butler.* Paderborn.

Duden (2014): Stichwort „Klassiker". (abgerufen: 25. April 2014: http://www.duden.de/suchen/dudenonline/klassiker).

Faulstich-Wieland, Hannelore (2009): *Geschlechterforschung in der Erziehungswissenschaft ein Überblick.* In: Enzyklopädie Erziehungswissenschaft Online. Weinheim, München.

Franzen, Jannik/Sauer, Arn (2010): *Benachteiligung von Trans*Personen, insbesondere im Arbeitsleben.* Antidiskriminierungsstelle des Bundes. In: http://www.transinterqueer.org/download/Publikationen/benachteiligung_von_trans_personen_insbesondere_im_arbeitsleben.pdf (Abruf: 06.Mai 2014).

Fuchs, Wiebke/ Ghattas, Dan Christian/ Reinert, Deborah/ Widmann, Charlotte (2012): *Studie zur Lebenssituation von Transsexuellen in Nordrhein-Westfalen.* Köln.

Gildemeister, Regine/ Hericks, Katja (2012): *Geschlechtersoziologie – theoretischer Zugang zu einer vertrackten Kategorie des Sozialen.* München.

Güldenring, Annette (2009): *Phasenspezifische Konfliktthemen eines transsexuellen Entwicklungsweges*. In: *Psychotherapie in Dialog.* 1/2009. 10 Jahrgang. In: http://www.buch-stachat.de/Phasenspezifische-Konfliktthemen.pdf (Abruf: 10. Mai 2014).

Humboldt, Wilhelm von (1960-81): *Werke in fünf Bänden*, hrsg. von Andreas Flitner und Klaus Giel. Darmstadt: Wissenschaftliche Buchgesellschaft.

Lamnek, Siegfried (2005): *Qualitative Sozialforschung: Lehrbuch.* Weinheim.

Lenz, Karl/ Adler, Marina (2010): *Einführung in die sozialwissenschaftliche Geschlechterforschung*. Weinheim.

Kleeman, Frank/ Kränke, Uwe/ Matuschek, Ingo (2013): *Interpretative Sozialforschung. Eine Einführung in die Praxis des Interpretierens.* Wiesbaden.

Kleiner, Bettina/ Koller, Hans-Christoph (2013): *Transformatorische Bildungsprozesse und Subjektivation. Exemplarische Analyse eines Schülerinterviews.* In: Müller-Roselius, K. & Hericks U. (Hrsg.) : *Bildung – Empirischer Zugang und theoretischer Widerstreit.* Barbara Budrich, S. 15-33.

Kokemohr, Rainer/ Abeldt, Sönke (1996): *Jeder Deutsche kann das verstehen: Probleme im interkulturellen Arbeitsgespräch.* Weinheim.

Koller, Hans-Christoph (2012): *Bildung anders denken. Einführung in die Theorie tranformatortischer Bildungsprozesse*. Stuttgart.

Przyborski, Aglaja/ Wohlrab-Sahr, Monika (2010): *Qualitative Sozialforschung: ein Arbeitsbuch.* München.

Riecken, Norbert (2012*): Judith Butler. Pädagogische Lektüre.* Wiesbaden.

Schirmer, Uta (2010): *Drag Kinging, geschlechtliche Selbstverhältnisse und Wirklichkeiten.* Bielefeld.

Schröder, Achim (2005): *Jugendliche*. In: Deinet/ Sturzenhecker (Hrsg.):
Handbuch Offene Kinder- und Jugendarbeit. Wiesbaden.

Schütze, Barbara (2010): *Neo-Essentialismus in der Gender-Debatte. Transsexualismus als Schattendiskurs pädagogischer Geschlechterforschung.* Bielefeld.

Schuster, Nina (2010): *Andere Räume. Soziale Praktiken der Raumproduktion von Drag Kings und Transgender.* Bielefeld.

Schwiter, Karin (2011): *Lebensentwürfe: junge Erwachsene im Spannungsfeld zwischen Individualität und Geschlechtergrenzen.* Frankfurt am Main.

Sielert, Uwe (2005): *Einführung in die Sexualpädagogik.* Weinheim, Basel.

Strauss, Anselm/ Corbin, Juliet (1996): *Grounded Theory. Grundlagen Qualitativer Sozialforschung.* Weinheim.

Voigt-Kehlenbeck, Corinna (2008): *Flankieren und Begleiten. Geschlechterreflexive Perspektiven in einer diversitätsbewussten Sozialarbeit.* Wiesbaden.

Witzel, Andreas (2000): *Das problemzentrierte Interview.* In: Forum Qualitative Sozialforschung/Forum: Qualitative Social Research, 1(1), Art. 22. (Abruf am 10. Mai 2014: http://www.qualitative-research.net/index.php/fqs/article/viewArticle/1132/2519).

- Sheila Jeffreys: "Die industrialisierte Vagina. Die politische Ökonomie des globalen Sexhandels"

- Anna Lena Dewald: "Das Prostitutionsgesetz in Deutschland. Eine Bestandsaufnahme"

- Anita Kienesberger "Fucking Poor. Was hat »Sexarbeit« mit Arbeit zu tun? Eine Begriffsverschiebung und die Auswirkungen auf den Prostitutionsdiskurs"

- Sandra Müller: "Ehrbare Frauen. Zwischen Schauspiel, Macht und Erniedrigung - Einblicke in die Leben von Dominas und Prostituierten"

- Jana Reich: "Die harte Show. Leben und Illusionen in der Sexindustrie"

- Anika Meier: "All Dolled Up. Möglichkeiten der Transformation in der Praxis des *Female Masking*"

- Ilse Jung: "RuhrgeBEATgirls. Die Geschichte der Mädchen-Beatband *The Rag Dolls* 1965 - 1969"